W0315288

Brot und Brötchen

Die besten Rezepte

Karin Messerli

Brot und Brötchen

Die besten Rezepte

AT Verlag

2. Auflage, 2004

© 2002
AT Verlag, Aarau, Schweiz
Fotos: Martina Meier, Zürich
Lithos: AZ Grafische Betriebe AG, Aarau
Druck und Bindearbeiten: Stalling, Oldenburg
Printed in Germany

ISBN 3-85502-748-X

www.at-verlag.ch

Inhalt

Auf die Bemerkung «Was? Das Brot bäckst Du auch noch selber ...» antworte ich meistens etwas einsilbig. Denn würde ich sagen, der Teig mache sich von selbst, entspräche das nicht ganz der Wahrheit. Obwohl die Brotbäckerei tatsächlich nicht kompliziert und zeitraubend ist (mit einigen Ausnahmen). Es ist etwas anderes: Brotteige brauchen Aufmerksamkeit, Geduld, Fingerspitzengefühl und Vertrauen. Und die Bereitschaft, sich darauf einzulassen, dass die Natur die Hauptrolle spielt. Manchmal ist der Vorteig in 2–3 Minuten schon über die Vertiefung, in der er angerührt wurde, hinausgequollen. Und die restlichen Zutaten sind noch gar nicht abgewogen und bereitgestellt. Oder aber es dauert länger, als im Rezept angegeben. Dann ist Warten und Beobachten angesagt: Mit der Zeit sind das Auge geschärft, die Fingerspitzen trainiert und die Erfahrungen gefestigt. Dann macht sich Brot tatsächlich fast von selbst. Die Schritte sind eingespielt, die Grundlagen vertieft. Alltagsrezepte.

Und dann bekommt man Lust auf mehr: Die Rezepte werden anspruchsvoller, die Teigzubereitung, das Formen und das Backen kann sich über Tage oder gar Wochen hinziehen. Geduldig lässt man den Teig bis zum Formenrand steigen, touriert, formt Croissants oder Brioches à tête, sprüht Backofenwände ein, klopft Unterseiten ab, friert ein, verschenkt ...

Ein gutes Gefühl. Deshalb backe ich (auch noch) selbst Brot.

Karin Messerli

Handelsübliche Mehlarten

Die Bezeichnung der Mehlart bezieht sich immer auf den Ausmahlungsgrad des Getreides. Wenn die Getreideart nicht näher bezeichnet ist, handelt es sich um Weizenmehl. Wenn andere Getreidearten vermahlen werden, wird das Mehl genau bezeichnet, z.B. Dinkelvollkornmehl. Werden verschiedene Getreidearten in Mischungen vermahlen, hat das Produkt einen Fantasienamen, z.B. Landmehl dunkel (ein Ruchmehl aus drei Viertel Weizen und einem Viertel Roggen).

Schweiz

Vollkornmehl

100 kg Weizen ergeben 96–98 kg Vollkornmehl. Ausmahlungsgrad 96–98 %. Der Rest wird bei der Reinigung aussortiert. Das Mehl kann fein, mittelfein oder grob gemahlen werden.

Ruchmehl

Aus 100 kg Weizen werden 82 kg Mehl gemahlen, 18 kg gehen als Kleie usw. ab. Aus dem Mehl werden 20–25 kg Weissmehl aussortiert. Das verbleibende Mehl wird als Ruchmehl bezeichnet. Ausmahlungsgrad 82%.

Halbweissmehl

Aus 100 kg Weizen werden 72 kg Mehl gemahlen, 28 kg gehen als Kleie usw. ab, 20 kg werden als Weissmehl aussortiert. 52 kg Halbweissmehl bleiben übrig. Ausmahlungsgrad 72%.

Weissmehl

Nur aus dem Inneren des Korns (ohne Kleie und Schalenteile) wird Weissmehl gemahlen. Ausmahlungsgrad 20%.

Zopfmehl

Weissmehl aus Weizen mit 10–15% Dinkelanteil. Braucht eine längere Knetzeit, gut geeignet für flaches Gebäck und reichhaltige Teige (mit viel Fett, Eiern, Eigelb).

Grahammehl

Auf einer Schlagmühle gemahlenes Weizenvollkornmehl. Kann mit Dinkel- oder Roggenvollkornmehl gemischt sein. Nach dem amerikanischen Arzt Dr. Graham genannt, der Diätbrot ohne Salz propagierte.

Dunst

Ausmahlungsgrad zwischen Griess und Mehl, auch griffiges Mehl genannt. Aus Weich- oder Hartweizen (Teigwaren- oder Knöpflimehl).

Roggenmehl

Ruchmehl aus Roggen. Für flache Brote geeignet, weil die Teige eher klebrig werden und deshalb nur schwer aufgehen. Die Teige werden meistens mit Sauerteigzusatz, Joghurt, Sauermilch oder Buttermilch zubereitet. Mit Roggenmehl zubereitete Brote sind aromatisch und lange haltbar. Sonst Roggenmehl mit Weissmehl (Weizenmehl) mischen.

Dinkelmehl

Gibt es als Dinkelweiss-, -halbweiss-, -ruch- und -vollkornmehl. Dinkel wurde früher als «Korn» oder «Kernen» bezeichnet.

Deutschland

In Deutschland werden die Mehltypen bzw. Ausmahlungsgrade mit Zahlen zwischen 405 und 1800 bezeichnet. Diese beziehen sich auf den Mineralstoffgehalt (in Gramm bezogen auf 100 Kilogramm Mehl): Je weniger Kleie das Mehl enthält, desto niedriger ist der Mineralstoffgehalt. Je mehr Kleie/Schalenschichten ausgesiebt werden, desto heller/weisser wird das Mehl.

- Typ 1800–1500: Vollkornmehl
- Typ 1400–950: Dunkles bis graues Brotmehl
- Typ 950–650: Helles Brotmehl oder dunkles Semmelmehl
- Typ 610–405: Auszugs-, Kuchen- oder Feinmehl, Haushaltsmehl

(Quelle: Mühlerama Zürich, Sabine Brönnimann)

Grundausrüstung

Messlöffel

Zum Abmessen von Salz, Gewürzen, Trockenhefe, Zucker, Honig usw.

Messbecher

Mit feinen Abstufungen oder in verschiedenen Grössen. Am besten aus Glas oder Porzellan.

Schüsselset

Schüsseln in verschiedenen Grössen aus Glas, Porzellan oder Kunststoff/Duroplast (Melamin). Zum Anrühren, Auflösen, Quellenlassen, Sauerwerdenlassen usw. Zum Gehenlassen von Hefeteigen sind Metallschüsseln weniger gut geeignet (kaltes Material).

Einmachglas

Mit gut verschliessbarem Deckel. Zum Ansetzen von Sauerteig.

Rührkellen, Kochlöffel, Essstäbchen

Zum Mischen von flüssigen bis reissfesten Teigen. Zum Mischen von angerührter Hefe und Mehl für den Vorteig eignen sich Essstäbchen.

Küchenmaschine und Mixer

Für Brotteige ist die Küchenmaschine ausgezeichnet geeignet: Sie ist kräftig genug, feste Teige mehr als 5 Minuten zu kneten. Handrührgeräte sind für Brotteige nicht zu empfehlen. Dann den Teig lieber von Hand kneten. (Sämtliche Rezepte in diesem Buch wurden mit einer Küchenmaschine Kenwood Chef KM410 zubereitet, die uns freundlicherweise von der Firma Kenwood Schumpf AG, Baar, zur Verfügung gestellt wurde.

Küchentücher oder Mulltuch

Zum Schützen des Teigs und der geformten Brote vor Zugluft.

Plastikbeutel

Zum Aufgehenlassen von Teigen, geformten Broten usw. Gross genug wählen, damit der Teig Platz hat.

Teighorn

Kleines, unscheinbares Küchenutensil aus Kunststoff. Zum Portionieren, Formen, Einschneiden von Teigen.

Teigroller

Für Brotteige reichen die einfachen Holzrollen ohne Griffe.

Bleche und Backpapier

Ofenbleche mit Backpapier belegen und mit Mehl, Dunst oder mittelfeinem Maismehl bestreuen. Gibt dem Brot einen feinen Röstgeschmack.

Ofenthermometer

Kann nützlich sein, um die Temperatur genau einhalten zu können.

Brotformen

Brotbackformen sind meistens aus Weissblech und etwas grösser als die Kastenformen für Gebäck: Es gibt sie rund und eckig sowie als Spezialformen für Brioches.

Pizzastein

Kann auch zum Brotbacken eingesetzt werden. Nach Anweisung der Hersteller vorheizen und verwenden.

Messer oder Klingen (Skalpell), Schere und Brotmesser

Zum Einschneiden der Brote: Sie müssen sehr scharf sein, damit der Schnitt mit einer einzigen Bewegung ausgeführt werden kann. Mit der Küchenschere gibt es dekorative Einschnitte. Brotmesser nur zum Schneiden von gebackenem Brot verwenden.

Sieb

Mehl mit einem Sieb über geformtes Brot streuen, damit bleibt nur eine feine Schicht hängen.

Pinsel

Zum Entfernen von zu viel Mehl oder zum Bestreichen der Brote vor und nach dem Backen.

Sprühflasche, ofenfeste Förmchen

Geformtes Brot lässt sich am besten mit einer Sprühflasche (aus Kunststoff) befeuchten. Zum Dampferzeugen im Backofen: 2- bis 3-mal an die Wände des Backofens sprayen. Oder ofenfeste Förmchen mit kochend heissem Wasser mit aufs Blech stellen.

Auskühlgitter

Aus Metall und möglichst gross.

Masseinheiten

Je nach Mehlsorte und Mehlqualität variiert die Flüssigkeitsmenge. Deshalb sind die Angaben als Durchschnittswerte zu verstehen. Es ist besser, Flüssigkeit nachzugeben, als einen zu flüssigen Teig mit Mehl wieder formbar machen zu müssen. Aber: Den Teig immer geschmeidig-feucht halten, er geht dann besser auf und ergibt ein luftigeres Brot.

Die Brote wurden in einem gewöhnlichen Haushaltbackofen, mit Unter- und Oberhitze, auf Backblechen gebacken. Mit Umluft muss die Temperatur um 15–25 Grad reduziert werden (Anleitung der Backofenhersteller beachten).

EL	Esslöffel, gestrichen voll, 12–15 g
TL	Teelöffel, gestrichen voll, 5–6 g
ml	Milliliter, 100 ml = 10 cl = 1 dl
50 ml	ca. 3–4 EL
100 ml	ca. 6–7 EL
1 Ei	53–55 g

Brotteig Schritt für Schritt

Grundrezept Brot, Seite 21

Vorbereiten

1 Mehl(mischung) in eine Schüssel geben. In die Mitte eine Vertiefung drücken.

Notizen
- Alle Zutaten Raumtemperatur annehmen lassen.
- Vorteig nur mit fein gemahlenem Mehl ansetzen. Zutaten wie Ei, Butter, Schrot, Kleie, Samen, Nüsse, getrocknete Früchte, Schokolade usw. werden erst in der Teigphase oder nach dem ersten Gehenlassen beigefügt. Sonst wird die Hefe in ihrer Arbeit behindert.
- Die Schüssel oder das Mehl vorwärmen, um den Prozess zu beschleunigen.

2 Hefe, Zucker, Honig oder Malzextrakt mit 150–200 ml lauwarmer Flüssigkeit glatt rühren. 10–15 Minuten bei Raumtemperatur stehen lassen.

Notizen
- Für ihre optimale Entwicklung braucht Hefe Stärke und Zucker als Nahrung, Flüssigkeit, Zeit, Luft und die ideale Temperatur von 30–32 Grad.
- 1 Würfel frische Hefe wiegt 42 g und reicht für bis zu 2 kg Mehl.
- 1 Beutel Trockenhefe wiegt zwischen 7 g, die für 500 g Mehl reichen, und 11 g, die für 1 kg Mehl reichen. 7 g Trockenhefe entspricht 20–25 g Frischhefe.
- Je weniger Hefe verwendet wird, desto länger muss man den Teig gehen lassen.
- Für reichhaltige Teige mit Butter, Eiern usw., für Früchtebrot- und Vollkornteige immer einen Vorteig zubereiten.
- Wenn man keine Zeit für einen Vorteig hat, muss man mit mehr Hefe als angegeben (siehe oben) arbeiten. Die nachfolgenden Rezepte sind alle mit dem Minimum an Hefe ausprobiert und rezeptiert: Durch Ansetzen eines Vorteigs lässt sich die Hefemenge reduzieren, und je weniger Hefe im Brot oder Gebäck enthalten ist, desto weniger trocknet es aus und desto bekömmlicher ist es.
- Frische Hefe kann problemlos tiefgekühlt werden. Gefrorene Hefe nicht auftauen lassen, sondern noch gefroren mit Zucker, Honig oder Malzextrakt und lauwarmer Milch glatt rühren (durch den Auftauprozess verliert die Hefe einen Teil ihrer Wirkung).

Vorteig

3 Die Hefe in die Vertiefung giessen, dabei nach und nach etwas Mehl vom Rand der Vertiefung dazunehmen, bis der Vorteig dickflüssig ist. Am schnellsten geht dies mit zwei Essstäbchen.

Notizen
- Wenn der Vorteig gelingt, hat man die Gewissheit, dass die Hefe richtig arbeitet.
- Die Teigschüssel an einen warmen, zugluftfreien Ort stellen.

4 Wenig Mehl vom Rand darüber stäuben. Bei Raumtemperatur zugedeckt gehen lassen, bis sich Risse zeigen.

Notizen
- Das Salz erst jetzt auf das Mehl streuen oder mit den übrigen Zutaten und der restlichen Flüssigkeit zum Mehl geben. Durch direkten Kontakt mit Salz (ebenso wie mit Fett) können die Hefepilze zerstört werden.
- Der Vorteig lässt den Teig regelmässiger aufgehen.

Teig

5 Fett, Salz, Gewürze usw. sowie die Flüssigkeit zum Mehl geben. Mit den Knethaken der Küchenmaschine bei kleinster Geschwindigkeit zu einem Teig mischen. Wenn nötig restliche Flüssigkeit beifügen.

Notizen
- Den Spritzschutz der Küchenmaschine während dem Mischen und Kneten schliessen. Durch die Klappe kann noch benötigte Flüssigkeit beigefügt werden.
- Die Flüssigkeitsangaben in den Rezepten sind Durchschnittsmengen: Je nach Ausmahlungsgrad und Qualität des Mehls braucht es mehr oder weniger Flüssigkeit.
- Je feuchter und geschmeidiger ein Teig ist, desto luftiger wird das Brot. In der Maschine geknetete Teige haben einen höheren Flüssigkeitsbedarf als von Hand zubereitete.
- Brotteige, die anschliessend in einer Form gebacken werden, mit der höheren Flüssigkeitsmenge zubereiten.
- Vollkornteige und reichhaltige Früchtebrotteige müssen feucht-klebrig sein, damit die Zutaten quellen können.

6 Mit den Knethaken der Küchenmaschine den Teig bei kleinster Geschwindigkeit zu einem geschmeidigen, feuchten Teig kneten. Das dauert 4–8 Minuten.

Notizen
- Der Brotteig verliert seine Struktur, wenn er bei zu hoher Geschwindigkeit gemischt und geknetet wird.
- Nach Belieben den Teig von Hand fertig kneten, dabei mit dem Handballen länglich ausziehen, aufrollen, drehen und erneut ausziehen. Diesen Vorgang mehrmals wiederholen.
- Den Teig zu einer Kugel formen, mit dem Messer einschneiden: Sind die Luftbläschen regelmässig und klein, ist der Teig genügend geknetet. Ebenso, wenn der Teig sich zu einem dünnen Band ausziehen lässt, ohne dass er reisst.

Gehen lassen

7 Den Teig zu einer Kugel formen, in die gereinigte, leicht geölte Schüssel zurückgeben. Mit einem feuchten Tuch oder dem Spritzschutz der Küchenmaschine bedecken.

8 Den Teig bei Raumtemperatur auf das Doppelte gehen lassen.

Notizen
- Die Schüssel in einen grossen Plastikbeutel hüllen und 1–2 Stunden bei Raumtemperatur oder über Nacht im Kühlschrank gehen lassen.
- Um das Aufgehen des Teiges zu beschleunigen, die Schüssel mit einem feuchten Tuch bedeckt in den 40 Grad warmen Backofen (bei leicht geöffneter Backofentür) stellen.
- Eine noch feinere Struktur erhält der Teig, wenn man ihn nach dem Gehenlassen nochmals zusammenknetet und ein zweites Mal aufgehen lässt.

Formen und Gehenlassen

9 Den Teig zusammenkneten, damit die Luft ausgepresst wird. In Portionen teilen und Brötchen formen.

10 Geformte Brote mit genügend Abstand auf ein mit Dunst, Maisgriess oder Mehl bestreutes Backpapier oder Blech setzen.

11 Mit Wasser besprühen und zugedeckt gehen lassen. Oder mit Mehl bestäuben, einschneiden und zugedeckt gehen lassen.

Backen

12 Brote, wenn nicht anders angegeben, in den vorgeheizten Backofen schieben. Zuerst bei hoher Hitze zwischen 225 und 240 Grad 10–15 Minuten anbacken. Dann die Temperatur auf 175–200 Grad (gemäss Rezept) reduzieren und die Brote fertig backen.

Notizen
- Damit die Brote regelmässig und gut aufgehen, kann man nach dem Einschieben des Blechs in den Ofen die Wände mit Wasser besprühen, oder man stellt ein ofenfestes Gefäss mit kochend heissem Wasser auf das Blech. Eine andere wirkungsvolle Methode: Eine Hand voll Eiswürfel auf das Blech streuen.

Backtest

13 Auf die Unterseite des fertig gebackenen Brotes klopfen. Tönt es hohl, ist es durchgebacken. In der Form gebackene Brote samt dem Backpapier aus der Form nehmen und eventuell nochmals kurz in den heissen Ofen geben, um Boden und Seiten leicht zu bräunen.

14 Um Glanz zu geben, Brote und Brötchen noch heiss mit Wasser besprühen oder mit Milch oder Kaffeerahm bestreichen.

Auskühlen lassen und Aufbewahren

15 Brote oder Brötchen aus dem Ofen nehmen und umgedreht (Oberseite/Rundung nach unten) auf einem Kuchengitter auskühlen lassen.

16 Brote erst ausgekühlt aufschneiden. Vollkorn- und Früchtebrote sind erst nach 1–2 Tage richtig aromatisch.

Notizen

- Aufbewahren: Brote nur vollständig ausgekühlt verpacken, sonst wird die Kruste wieder weich, und die entstandene Feuchtigkeit begünstigt das Schimmeln.
- Allgemein: Brote im Stoffbeutel aufbewahren. Je nach Sorte sind sie 1–3 Tage haltbar. Bauernbrot, Vollkornbrot, Sauerteigbrot: Am besten im Papiersack aufbewahren. Je nach Sorte sind sie 2–4 Tage haltbar.
- Geschnittenes Brot: Im Plastikbeutel (Luft auspressen) bei Raumtemperatur oder im Kühlschrank aufbewahren. Für Toasts und Sandwiches gut geeignet.
- Tiefkühlen: Brote ausgekühlt lose einfrieren. Oder in Scheiben schneiden, Backpapier dazwischen legen und tiefkühlen. Ganze Brote im Kühlschrank auftauen lassen. Im 200 Grad heissen Ofen 10 Minuten aufbacken. Scheiben noch tiefgekühlt toasten oder auf dem heissen Blech bei 200 Grad aufbacken.

Sauerteig Schritt für Schritt

Sauerteig macht Brote aromatischer und haltbarer, weil sie knuspriger backen. Zu empfehlen für Vollkornbrotteige und Teige mit Roggenmehl. Aber auch für Teige nach dem einfachen Grundrezept geeignet: Auf 500 g Mehl 150–250 g Sauerteig verwenden. Die Wassermenge reduziert sich um 100–150 ml.

Einfacher Sauerteig

Für Ciabatta, Baguette, Grundrezept Brot

¼ TL Trockenhefe oder 2 g frische Hefe
250 ml Wasser, lauwarm
330 g Mehl, z.B. Weiss-, Halbweiss- oder Ruchmehl (Weizen oder Dinkel) bzw. Mehl Typ 405–650
wenig Öl für die Schüssel

■ Teig: Die Hefe mit 100 ml Wasser glatt rühren. 10 Minuten bei Raumtemperatur stehen lassen. Das restliche Wasser und das Mehl dazugeben. Mit den Knethaken der Küchenmaschine 2 Minuten bei kleinster Geschwindigkeit mischen. Oder 4 Minuten mit dem Kochlöffel (Kelle) bearbeiten. In eine leicht geölte Schüssel geben. 6–24 Stunden zugedeckt bei Raumtemperatur gehen lassen.

■ Aufbewahren: Sauerteig in einem Glas gut verschlossen im Kühlschrank lagern. Jeden Tag oder mindestens einmal in der Woche durchrühren. Vor dem Verwenden Raumtemperatur annehmen lassen. Dann 150 g Mehl und 100–125 ml lauwarmes Wasser darunter rühren, bis er die Konsistenz eines Omelettenteigs bekommt. 3–4 Stunden stehen lassen, bis der Teig gärt.

Sauerteig ist jahrelang haltbar, wenn er regelmässig erneuert wird.

Notizen

Der Teig verdreifacht während dem Gärvorgang sein Volumen. Richtig sauer wird er, wenn er bis 72 Stunden steht. Sauerteig in einem Einmachglas mit gut verschliessbarem Deckel ansetzen.

Nach Belieben, um die Gärung zu beschleunigen, 1 TL bis 1 EL Honig oder Zucker mit der Hefe verrühren.

Tipp

■ Für den Sauerteig das gleiche Mehl oder Mehl von einem geringeren Ausmahlungsgrad als jenes für das Brot verwenden. Oder eine Mischung aus Weissmehl (Typ 405) und Mehl von geringerem Ausmahlungsgrad verwenden.

Brot

Grundrezept

Für 1 Brot von ca. 1 kg

500 g Weissmehl (Typ 405–650) oder Mehlmischung
20 g frische Hefe
1½ TL Zucker, flüssiger Honig oder Malzextrakt
300–400 ml Flüssigkeit (z.B. Wasser, Milch oder Milchwasser), lauwarm
1½–1¾ TL Salz (6–8 g)

■ Vorteig: Das Mehl in eine Schüssel geben. In die Mitte eine Vertiefung drücken. Die Hefe mit Zucker, Honig oder Malzextrakt und 150 ml Flüssigkeit glatt rühren. Bei Raumtemperatur 10–15 Minuten stehen lassen. Die Hefe in die Vertiefung giessen, dabei immer etwas Mehl vom Rand dazunehmen, bis der Teig dickflüssig ist. Wenig Mehl darüber stäuben. Zugedeckt bei Raumtemperatur gehen lassen, bis sich Risse zeigen.

■ Teig: Das Salz in die restliche, warme Flüssigkeit geben. Nach und nach zum Mehl geben und alles zu einem geschmeidigen Teig zusammenfügen. Von Hand kneten, bis der Teig elastisch ist. Zu einer Kugel formen, in die vorgewärmte Schüssel geben, mit einem feuchten Küchentuch bedecken und bei Raumtemperatur auf das Doppelte gehen lassen.

■ Formen: Den Teig zu einem länglichen oder runden Laib formen, auf ein Backpapier ziehen, leicht mit Mehl bestäuben. Mehrmals schräg oder übers Kreuz (schachbrettartig) einschneiden. Zugedeckt bei Raumtemperatur 30–40 Minuten gehen lassen. Den Backofen auf 220 Grad vorheizen.

■ Backen: 30–50 Minuten im unteren Teil des Ofens. Nach 10–15 Minuten die Temperatur auf 175–180 Grad reduzieren, fertig backen. Backtest, siehe Seite 16. Herausnehmen, auskühlen lassen.

Varianten

■ Flüssigkeit für Weiss- und Halbweissmehl (Typ 405–650): 100–150 ml Joghurt nature oder Magerquark mit Wasser mischen.

■ Flüssigkeit für Ruchmehl oder Ruch- und Vollkornmehl gemischt (Typ 950–1400): Molke, Buttermilch oder Sauermilch nature verwenden.

Baguette

1 Portion Brotteig nach Grundrezept Seite 21, mit Dinkelweissmehl oder Weissmehl (Typ 405) zubereitet
Dunst oder Mohnsamen zum Wenden

- Den Teig nach dem Grundrezept Seite 21 zubereiten, auf das Doppelte gehen lassen.
- Formen: Den Teig in zwei gleich grosse Portionen teilen. Zu zwei länglichen Rollen mit verjüngten Enden formen. Mit Wasser besprühen, nach Belieben in Dunst oder Mohn wenden, mehrmals schräg einschneiden. 30 Minuten zugedeckt bei Raumtemperatur gehen lassen.
- Backen nach dem Grundrezept Seite 21.

Kernenbrot

100 g Sonnenblumen- oder Kürbiskerne, gehackt
150 ml Milch, heiss
1 Portion Brotteig nach Grundrezept Seite 21

- Vorbereiten: Die Kerne 1 Stunde in der Milch ziehen lassen. Die Milch abgiessen, mit Wasser auf 300–400 ml ergänzen, für den Brotteig verwenden.
- Den Teig nach dem Grundrezept Seite 21 zubereiten, auf das Doppelte gehen lassen. Dann zusammenkneten, die Kerne beifügen und gründlich darunter kneten.
- Formen: Zu einem Brot formen, mit Wasser besprühen, nach Belieben mit gehackten Kernen bestreuen.
- Backen nach dem Grundrezept Seite 21.

Tessinerbrot

1 Portion Brotteig nach Grundrezept Seite 21, mit Weiss- oder Halbweissmehl (Typ 405–650) und Wasser zubereitet
Milch oder Kaffeerahm zum Bestreichen

- Den Teig nach dem Grundrezept Seite 21 zubereiten, auf das Doppelte gehen lassen.
- Formen: Den Teig zu einem Strang ausziehen, in 6 gleich grosse Portionen teilen. Diese jeweils zu länglichen Brötchen formen. Nebeneinander auf ein mit Backpapier belegtes Blech geben. Mit Wasser besprühen, gehen lassen. Mit dem Brotmesser der Länge nach etwa 2 cm tief leicht schräg einschneiden.
- Backen: 10 Minuten in der unteren Hälfte des auf 220 Grad vorgeheizten Backofens. Die Temperatur auf 180 Grad reduzieren und weitere 30–35 Minuten backen. Noch heiss mit Milch oder Kaffeerahm bestreichen.

Baguette

Einback

Für 2 Cakeformen von 25–30 cm Länge

600 g Weissmehl (Typ 405)
20 g frische Hefe
4 EL Zucker
300–350 ml Milchwasser, lauwarm
100 g Butter, weich
1¼ TL Salz

Butter für die Form
Ei zum Bestreichen

■ Vorteig: Das Mehl in eine Schüssel geben. In die Mitte eine Vertiefung drücken. Die Hefe mit 2 EL Zucker und 150 ml Milchwasser glatt rühren. Bei Raumtemperatur 10–15 Minuten stehen lassen. Die Hefe in die Vertiefung giessen, dabei immer etwas Mehl vom Rand dazunehmen, bis der Teig dickflüssig ist. Wenig Mehl darüber stäuben. Zugedeckt bei Raumtemperatur gehen lassen, bis sich Risse zeigen.

■ Teig: Die Butter, den restlichen Zucker und das Salz ins restliche warme Milchwasser geben. Nach und nach zum Mehl giessen und alles zu einem geschmeidigen Teig zusammenfügen. Von Hand kneten, bis der Teig elastisch ist. Zu einer Kugel formen, in die vorgewärmte Schüssel geben, mit einem feuchten Küchentuch bedecken und bei Raumtemperatur auf das Doppelte gehen lassen. Die Cakeformen ausbuttern oder mit Backpapier auskleiden.

■ Formen: Den Teig zusammenkneten. In 16 gleich grosse Portionen teilen, diese zu Kugeln formen, flach drücken und mit wenig Abstand hintereinander in die Form geben. Zugedeckt bei Raumtemperatur bis zum Formenrand gehen lassen. Mit verquirltem Ei bestreichen.

■ Backen: 30–40 Minuten in der Mitte des auf 190–200 Grad vorgeheizten Backofens.

Tipps

■ Dazu passt Erdbeer- oder Rhabarberkompott. Dafür die Scheiben abbrechen und auf beiden Seiten in Butter golden braten.

■ Aus Einback gibt es den besten French Toast (siehe Seite 94), oder für Beerenpudding verwenden (siehe Seite 93).

Variante

■ Für den Teig etwas weniger Milchwasser, dafür 1 verquirltes Ei beifügen.

Pain de mie oder Modelbrot

Für 1 Cakeform von 25–30 cm Länge

500 g Weissmehl (Typ 405)
20 g frische Hefe
300–350 Milchwasser, lauwarm
25 g Butter, flüssig
1½ TL Salz

Ei zum Bestreichen

■ Vorteig: Das Mehl in eine Schüssel geben. In die Mitte eine Vertiefung drücken. Die Hefe mit 150 ml Milchwasser glatt rühren. Bei Raumtemperatur 10–15 Minuten stehen lassen. Die Hefe in die Vertiefung giessen, dabei immer etwas Mehl vom Rand dazunehmen, bis der Teig dickflüssig ist. Wenig Mehl darüber stäuben. Zugedeckt bei Raumtemperatur gehen lassen, bis sich Risse zeigen. Die Cakeform mit Backpapier auskleiden.

■ Teig: Butter und Salz zum restlichen warmen Milchwasser geben. Nach und nach zum Mehl geben und alles zu einem geschmeidigen Teig zusammenfügen. Von Hand kneten, bis der Teig elastisch ist. Zu einer 25–30 cm langen Rolle formen, in die Form geben. Zugedeckt bei Raumtemperatur bis zum Formenrand aufgehen lassen. Nach Belieben mit verquirltem Ei bestreichen.

■ Backen: 40 Minuten im unteren Teil des auf 220 Grad vorgeheizten Backofens.

Nussbrot

1 Portion Brotteig nach Grundrezept Seite 21, mit Dinkelweissmehl oder -halbweissmehl (Typ 405–650) zubereitet
100 g geröstete Walnüsse, fein gehackt
4 EL Walnussöl

■ Den Teig nach dem Grundrezept Seite 21 zubereiten, Nüsse und Öl mit der restlichen Flüssigkeit beifügen. Auf das Doppelte gehen lassen.

■ Formen und backen nach dem Grundrezept Seite 21.

Pain au chocolat

1 Portion Weggliteig, Seite 28
6 Schokoladestengel

■ Den Teig nach dem Rezept Seite 28 zubereiten, auf das Doppelte gehen lassen.

■ Formen: Den Teig zusammenkneten und in 12 gleich grosse Portionen teilen. Längliche Brötchen formen. Die Schokoladestengel halbieren, längs in die Mitte der Brötchen legen, hineindrücken und den Teig darüber ziehen. Mit der Naht nach unten auf ein mit Backpapier belegtes Blech geben, zugedeckt gehen lassen. Mit verquirltem Ei bestreichen, mit der Schere dreimal einschneiden.

■ Backen nach dem Wegglirezept, Seite 28.

Semmeln (Mütschli)

1 Portion Brotteig nach Grundrezept Seite 21, mit Ruchmehl (Typ 650–950) und Wasser zubereitet
Raps- oder Sonnenblumenöl zum Bestreichen

■ Den Teig nach dem Grundrezept Seite 21 zubereiten, auf das Doppelte gehen lassen.
■ Formen: Den Teig in 12 gleich grosse Portionen teilen. Kugeln formen, flach drücken. Mit Raps- oder Sonnenblumenöl bestreichen. Dann den Teigrand von aussen zur Mitte legen, wenden und auf bemehlter Fläche 15 Minuten gehen lassen. Wieder wenden, auf ein mit Backpapier belegtes Blech geben und nochmals kurz zugedeckt gehen lassen.
■ Backen: 10 Minuten in der unteren Hälfte des auf 220 Grad vorgeheizten Backofens. Die Temperatur auf 180 Grad reduzieren und weitere 10–15 Minuten backen.

Sonnenbrot

1 Portion Brotteig nach Grundrezept Seite 21
geröstete Haferflocken, Haferkleie oder Sojaflocken zum Bestreuen

■ Den Teig nach dem Grundrezept Seite 21, zubereiten, auf das Doppelte gehen lassen.
■ Formen: Den Teig in 8–10 gleich grosse Portionen teilen. Runde Brötchen formen, dicht nebeneinander im Kreis anordnen, mit Wasser besprühen, mit gerösteten Haferflocken, Haferkleie oder Sojaflocken bestreuen. Gehen lassen.
■ Backen nach dem Grundrezept Seite 21. Die Backzeit verkürzt sich etwa um 15–20 Minuten.

Gewürzbrot

1 Portion Vollkornbrotteig, Seite 28
je 1 EL Fenchel- und Anissamen
oder 2 EL Kümmel

■ Den Teig nach dem Grundrezept Seite 21, zubereiten, die Gewürze mit dem Salz beifügen, auf das Doppelte gehen lassen.
■ Backen nach dem Grundrezept Seite 21. Die Backzeit verkürzt sich etwa um 15–20 Minuten.

Weggli

Für 12–16 Stück

750 g Weissmehl (Typ 405)
20 g frische Hefe
1 EL Zucker oder Malzextrakt
400–450 ml Milchwasser, lauwarm
1½–2 TL Salz
25 g Butter, weich

Eigelb mit Milch verdünnt zum Bestreichen

- Vorteig: Das Mehl in eine Schüssel geben. In die Mitte eine Vertiefung drücken. Hefe, Zucker oder Malzextrakt und 150 ml Milchwasser verrühren. 10–15 Minuten bei Raumtemperatur stehen lassen. Die Hefe in die Vertiefung giessen, dabei immer etwas Mehl vom Rand dazunehmen, bis der Teig dickflüssig ist. Wenig Mehl darüber stäuben. Zugedeckt bei Raumtemperatur gehen lassen, bis sich Risse zeigen.
- Teig: Salz und Butter zur restlichen warmen Flüssigkeit geben. Nach und nach zum Mehl geben und zu einem geschmeidigen Teig zusammenfügen. Von Hand kneten, bis der Teig elastisch ist. Zu einer Kugel formen, in die vorgewärmte Schüssel geben. Zugedeckt bei Raumtemperatur auf das Doppelte gehen lassen.
- Formen: Den Teig in 12–16 gleich grosse Portionen teilen, diese zu Kugeln formen, mit dem Teighorn die Mitte eindrücken. Auf ein mit Backpapier belegtes Blech geben. Zugedeckt gehen lassen.
- Backen: 20–30 Minuten in der Mitte des auf 200 Grad vorgeheizten Backofens.

Variante

- ⅓ Weissmehl (Typ 405) durch Halbweissmehl (Typ 650) ersetzen. Oder ⅔ Weissmehl (Typ 405) durch Ruchmehl (Typ 950) und ⅓ durch Halbweissmehl (Typ 650) ersetzen.

Vollkornbrot

300 g Ruchmehl (Typ 950)
100 g Roggenvollkornmehl (Roggenmehl dunkel, Typ 1100)
100 g Roggenschrot
20 g frische Hefe
1½ TL Zucker, flüssiger Honig oder Malzextrakt
200 ml Butter- oder Sauermilch nature
100–150 ml Wasser, warm
1½ TL Salz (ca. 6 g)

- Den Teig nach dem Grundrezept Seite 21, zubereiten, auf das Doppelte gehen lassen.
- Formen und backen nach dem Grundrezept Seite 21.

Variante

- Eine Brotform (Kastenform) mit Backpapier auskleiden. Den Teig mit 350–400 ml Flüssigkeit zubereiten, damit er feucht-klebrig wird. In die Form geben. Zugedeckt bei Raumtemperatur bis zum Formenrand gehen lassen. Backen nach dem Grundrezept Seite 21.

Weggli

Kastenvollkornbrot

Für eine Cake- oder Brotform von 25–30 cm Länge

Teig:
750 g Vollkornmehl (Typ 1500–1800)
20 g frische Hefe
1 TL Malzextrakt oder flüssiger Honig
275 ml Wasser, lauwarm
2 TL Salz
175 ml Apfelsaft, naturtrüb
2 EL Crème fraîche oder Doppelrahm
50 g Sonnenblumenkerne

Roggen- oder Hafermehl zum Formen

■ Vorteig: Das Mehl in eine Schüssel geben. In die Mitte eine Vertiefung drücken. Die Hefe mit Malzextrakt oder Honig und 150 ml Flüssigkeit glatt rühren. 10–15 Minuten bei Raumtemperatur stehen lassen. Die Hefe in die Vertiefung giessen, dabei immer etwas Mehl vom Rand dazunehmen, bis der Teig dickflüssig ist. Wenig Mehl darüber stäuben. Zugedeckt bei Raumtemperatur gehen lassen, bis sich Risse zeigen.
■ Teig: Salz, Apfelsaft und Crème fraîche oder Doppelrahm zur restlichen warmen Flüssigkeit geben. Nach und nach zum Mehl giessen und alles zu einem sehr feuchten Teig zusammenfügen. Von Hand kneten, bis der Teig elastisch ist. Zu einer Kugel formen, in die vorgewärmte Schüssel geben. Zugedeckt bei Raumtemperatur auf das Doppelte gehen lassen. Die Backform mit Backpapier auskleiden.
■ Formen: Den Teig zusammenkneten. Die Sonnenblumenkerne beifügen, darunter kneten. Den Teig zu einem länglichen Laib formen, im Mehl wenden, in die Form geben. Zugedeckt bei Raumtemperatur bis zum Formenrand gehen lassen.
■ Backen: 35–50 Minuten im unteren Teil des auf 220 Grad vorgeheizten Backofens. Nach 10–15 Minuten die Temperatur auf 200 Grad reduzieren, fertig backen. Backtest, siehe Seite 16. Herausnehmen und auskühlen lassen.

Vollkornbrötchen

Für 15 Stück

1 Portion Vollkornbrotteig, Seite 28
geröstete Haferflocken, Haferkleie oder Sojaflocken zum Bestreuen

■ Den Teig nach dem Grundrezept Seite 21 zubereiten, auf das Doppelte gehen lassen.
■ Formen: Den Teig in 15 gleich grosse Portionen teilen. 15 Brötchen formen, mit Wasser besprühen, mit gerösteten Haferflocken, Haferkleie oder Sojaflocken bestreuen. Gehen lassen.
■ Backen nach dem Grundrezept Seite 21. Die Backzeit verkürzt sich etwa um 15–20 Minuten.

Sauerteigbrot

Für 1 Brot von 900 g

Sauerteig:
125 g Ruchmehl (Typ 950)
200 ml Wasser, lauwarm
1 EL Joghurt nature (Bioqualität)
1 nussgrosses Stück frische Hefe (ca. 7 g)

Teig:
100 g Weizenkörner, frisch geschrotet
100 ml Wasser, lauwarm
15 g frische Hefe
1 EL Birnendicksaft, Melasse oder flüssiger Honig
200–250 ml Milchwasser, lauwarm
250 g Vollkornmehl (Typ 1500–1800)
200 g Ruchmehl (Typ 950)
2 TL Salz

Vollkornmehl zum Bestreuen

■ Sauerteig: Das Ruchmehl mit Wasser, Joghurt und Hefe glatt rühren. 3–4 Tage zugedeckt bei Raumtemperatur stehen lassen, bis der Teig gärt. Ab und zu umrühren. Der Sauerteig reicht für die doppelte Menge Teig.

■ Vorteig: Die Weizenkörner im Wasser 30 Minuten zugedeckt bei Raumtemperatur quellen lassen. Die Hefe mit Birnendicksaft, Melasse oder Honig und 100 ml Milchwasser verrühren. Das Mehl mischen, in die Mitte eine Vertiefung drücken. Die Hefe hineingiessen, dabei immer etwas Mehl vom Rand dazunehmen, bis der Teig dickflüssig ist. Wenig Mehl darüber stäuben. Zugedeckt bei Raumtemperatur gehen lassen, bis sich Risse zeigen.

■ Teig: Die restliche Flüssigkeit, Salz und 150 g Sauerteig dazugeben. Zu einem Teig zusammenfügen, kneten, bis er glatt, aber immer noch sehr feucht ist. Bei Raumtemperatur zugedeckt auf das Doppelte gehen lassen.

■ Formen: Den Teig zusammenkneten und zu einer Kugel formen. Auf ein mit Backpapier belegtes Blech geben, mit Wasser besprühen. Mit Vollkornmehl bestreuen, nach Belieben einschneiden und nochmals gehen lassen, bis sich Risse zeigen.

■ Backen: 12–15 Minuten in der unteren Hälfte des auf 220 Grad vorgeheizten Backofens backen. Die Temperatur auf 175–180 Grad reduzieren, weitere 30–40 Minuten backen.

Tipps

■ Den restlichen Sauerteig zugedeckt im Kühlschrank aufbewahren: 1 Woche haltbar.

■ Im Reformhaus ist Sauerteig im Beutel à 150 g erhältlich.

■ Der Teig muss wirklich sehr feucht sein, damit er gut aufgeht und das Brot luftig wird. Der Teig kann auch in einer geölten oder mit Backpapier ausgekleideten Brot- oder Cakeform gebacken werden.

Varianten

■ Für den Sauerteig und den Teig statt Ruchmehl (Typ 950) Roggenmehl verwenden.

■ Nach Belieben 50–100 g leicht geröstete ganze oder grob gehackte Nüsse unter den Teig kneten.

Kräuterbrot

Für eine Cake- oder Brotform von 25–30 cm Länge

Teig:
450–500 g Weissmehl (Typ 405)
20 g frische Hefe
1 EL Zucker, flüssiger Honig oder Malzextrakt
175–200 ml Wasser, lauwarm
1 kleine Zwiebel, fein gehackt
Butter zum Dünsten
1 Ei, verquirlt
100 g Hüttenkäse
1 EL Distel- oder Maiskeimöl
1½ TL Salz (ca. 6 g)
1–2 EL getrockneter Dill

■ Vorteig: Das Mehl in eine Schüssel geben. In die Mitte eine Vertiefung drücken. Die Hefe mit Zucker, Honig oder Malzextrakt und 150 ml Flüssigkeit glatt rühren. Bei Raumtemperatur 10–15 Minuten stehen lassen. Die Hefe in die Vertiefung giessen, dabei immer etwas Mehl vom Rand dazunehmen, bis der Teig dickflüssig ist. Wenig Mehl darüber stäuben. Zugedeckt bei Raumtemperatur gehen lassen, bis sich Risse zeigen.

■ Teig: Die Zwiebel in der Butter glasig dünsten. Mit Ei, Hüttenkäse, Öl, Salz, Dill und dem restlichen Wasser zum Mehl geben, zu einem geschmeidigen Teig zusammenfügen. Von Hand kneten, bis der Teig elastisch ist. Zugedeckt bei Raumtemperatur auf das Doppelte gehen lassen. Den Teig zusammenkneten und nochmals auf das Doppelte gehen lassen. Die Backform mit Backpapier auskleiden.

■ Backormen: Den Teig zusammenkneten, zu einer Rolle formen und in die Form geben. Zugedeckt bei Raumtemperatur 30–40 Minuten gehen lassen.

■ Backen: 30–50 Minuten im unteren Teil des auf 220 Grad vorgeheizten Backofens. Nach 10–15 Minuten die Temperatur auf 175–180 Grad reduzieren, fertig backen.

Varianten

■ Das Brot vor dem Backen mit verquirltem Ei bestreichen. Oder nach dem Backen mit flüssiger Butter bestreichen und mit Meersalz bestreuen.

■ Statt getrockneten Dill ½ TL Dillsamen und ½ Bund Dill, abgezupfte Spitzen, verwenden.

Landbrot

Für 2 Brote von je 750 g

Sauerteig:
140 g Ruchmehl (Typ 950)
200 ml Wasser, lauwarm
¼ TL Trockenhefe

Teig:
450 g Ruchmehl (Typ 950) oder dunkles Landmehl
100 g Weizen- oder Dinkelvollkornmehl (Typ 1500–1800)
¾ TL Trockenhefe
2½ TL Salz
200 ml Wasser, lauwarm
100 ml Bier oder helles Ale-Bier
2½ EL Olivenöl
2 EL Milch

je 2 EL Maismehl und Ruchmehl (Typ 950) zum Bestreuen

- Sauerteig: Die Zutaten glatt rühren. Zugedeckt über Nacht bei Raumtemperatur stehen lassen. Oder für ein kräftigeres Aroma: Den Sauerteig 2 Tage zugedeckt im Kühlschrank stehen lassen.
- Teig: Mehl und Hefe mischen. Salz, Wasser, Bier, Öl, Milch und den Sauerteig verrühren. Zum Mehl geben, mischen und zu einem sehr feuchten Teig zusammenfügen. 7 Minuten kneten (am besten in der Küchenmaschine, damit der Teig feucht bleibt). 2–3 Stunden zugedeckt bei Raumtemperatur gehen lassen. Ein Backblech mit Backpapier belegen, mit Mehl bestreuen.
- Formen: Den Teig in zwei gleich grosse Portionen teilen. Auf reichlich bemehlter Arbeitsfläche zu ovalen Laiben formen. Aufs Blech geben, zu langen flachen Broten ausziehen, mit Mehl bestreuen. 2 Stunden zugedeckt bei Raumtemperatur gehen lassen.
- Backen: 30–35 Minuten im unteren Teil des auf 220 Grad vorgeheizten Backofens.

Kartoffelbrot

Für eine Cake- oder Brotform von 25–30 cm Länge

Teig:
450–500 g Weissmehl (Typ 405)
20 g frische Hefe
1 EL Zucker, flüssiger Honig oder Malzextrakt
200–300 ml Flüssigkeit (z.B. Wasser, Milch oder Milchwasser), lauwarm
250 g mehlig kochende Kartoffeln
1½ EL Distel- oder Maiskeimöl
1½ TL Salz (ca. 6 g)

- Vorteig: Das Mehl in eine Schüssel geben. In die Mitte eine Vertiefung drücken. Die Hefe mit Zucker, Honig oder Malzextrakt und 150 ml Flüssigkeit glatt rühren. Bei Raumtemperatur 10–15 Minuten stehen lassen. Die Hefe in die Vertiefung giessen, dabei immer etwas Mehl vom Rand dazunehmen, bis der Teig dickflüssig ist. Wenig Mehl darüber stäuben. Zugedeckt bei Raumtemperatur gehen lassen, bis sich Risse zeigen.

■ Teig: Die Kartoffeln in der Schale im Dampf weich kochen. Noch heiss schälen und durchpressen. Öl und Salz zur restlichen warmen Flüssigkeit geben. Mit dem Kartoffelpüree nach und nach zum Mehl geben und alles zu einem geschmeidigen Teig zusammenfügen. Von Hand kneten, bis der Teig elastisch ist. Zu einer Kugel formen, in die vorgewärmte Schüssel geben. Zugedeckt bei Raumtemperatur auf das Doppelte gehen lassen. Den Teig zusammenkneten und nochmals auf das Doppelte gehen lassen. Die Backform mit Backpapier auskleiden.
■ Formen: Den Teig zusammenkneten, zu einer Rolle formen und in die Form geben. Zugedeckt bei Raumtemperatur bis zum Formenrand gehen lassen.
■ Backen: 30–50 Minuten im unteren Teil des auf 220 Grad vorgeheizten Backofens. Nach 10–15 Minuten die Temperatur auf 175–180 Grad reduzieren, fertig backen.

Tipp
■ Eignet sich gut zum Toasten und für Sandwiches.

Sojabrot

Für 3 Brote von 500 g

Teig:
770 g Weiss- oder Halbweissmehl (Typ 405–650)
230 g Sojamehl
20 g frische Hefe
600 ml Wasser, lauwarm
50 ml Olivenöl
1½ EL feines Meersalz

Dunst zum Bestreuen

■ Vorteig: Das Mehl mischen. In die Mitte eine Vertiefung drücken. Die Hefe mit 150 ml Wasser glatt rühren. 10–15 Minuten bei Raumtemperatur stehen lassen. Die Hefe in die Vertiefung giessen, dabei immer etwas Mehl vom Rand dazunehmen, bis der Teig dickflüssig ist. Wenig Mehl darüber stäuben. Zugedeckt bei Raumtemperatur gehen lassen, bis sich Risse zeigen.
■ Teig: Öl, Salz und das restliche Wasser nach und nach zum Mehl geben und zu einem sehr feuchten Teig zusammenfügen. Von Hand kneten, bis der Teig elastisch ist. Zu einer Kugel formen und in die vorgewärmte Schüssel geben. Zugedeckt bei Raumtemperatur auf das Doppelte gehen lassen.
■ Formen: Den Teig zusammenkneten. In 3 gleich grosse Portionen teilen und zu runden Broten formen. Ein Blech mit Backpapier belegen und mit Mehl bestreuen. Die Brote darauf geben, mit Dunst bestreuen. Zugedeckt bei Raumtemperatur gehen

lassen. Die Brote nach Belieben mehrmals einschneiden.

■ Backen: 20–30 Minuten im unteren Teil des auf 220 Grad vorgeheizten Backofens. Nach 10–15 Minuten die Temperatur auf 200 Grad reduzieren, fertig backen.

Tipp

■ Die Brote in den ersten 10 Minuten mehrmals mit Wasser besprühen oder eine Hand voll Eiswürfel auf das Blech streuen, damit Wasserdampf entsteht.

Knuspriges Sesambrot

Für 1 Brot von 750 g

Sauerteig:
275 g Vollkornmehl (Typ 1500–1800)
600 ml Wasser

Teig:
500 g feines Vollkorn- oder Ruchmehl (Typ 950–1100)
100 g Sesamsamen
1½–2 TL feines Meersalz
200 ml Wasser

■ Sauerteig: 150 g Mehl mit 300 ml Wasser glatt rühren. 2–3 Tage zugedeckt bei Raumtemperatur stehen lassen. Sobald der Teig zu gären beginnt, das restliche Mehl und Wasser dazugeben, glatt rühren. Bei Raumtemperatur stehen lassen, bis Blasen aufsteigen. Dann ist der Sauerteig zur Verwendung bereit.

■ Teig: Mehl, Sesamsamen, Salz, Wasser und 250 ml Sauerteig zu einem Teig zusammenfügen. Kneten, bis er geschmeidig wird, aber immer noch feucht bleibt. 3–4 Stunden zugedeckt bei Raumtemperatur auf das Doppelte gehen lassen.

■ Formen: Den Teig zusammenkneten, zu einem länglichen Brot formen. Zugedeckt bei Raumtemperatur gehen lassen.

■ Backen: 45 Minuten im unteren Teil des auf 200 Grad vorgeheizten Backofens.

Tipp

■ Den Teig länglich formen und in einer geölten oder mit Backpapier ausgelegten Form backen.

Schwarzes Brot

Für 2 Brot- oder Kastenformen von 25–30 cm Länge

Teig:
550 g Ruchmehl (Typ 950–1500) oder Dinkelvollkornmehl (Typ 1500–1800)
100 g Dinkelweissmehl (Typ 405)
20 g frische Hefe oder 2 TL Trockenhefe
2 EL heller Honig
450–475 ml Wasser, lauwarm
1 EL sofort lösliches Kaffeepulver (Espresso)
150 g Roggenmehl, hell oder dunkel
75 g Melasse oder dunkler Honig
2 EL ungezuckertes Kakaopulver
1½–2 TL Salz

1 Eiweiss zum Bestreichen

■ Vorteig: Das Mehl mischen. In die Mitte eine Vertiefung drücken. Hefe, Honig und 150 ml Wasser glatt rühren. 10–15 Minuten bei Raumtemperatur stehen lassen. Die Hefe in die Vertiefung giessen, dabei immer etwas Mehl vom Rand dazunehmen, bis der Teig dickflüssig ist. Wenig Mehl darüber stäuben. Zugedeckt bei Raumtemperatur gehen lassen, bis sich Risse zeigen.

■ Teig: Das Kaffeepulver im restlichen Wasser auflösen. Mit Roggenmehl, Melasse oder dunklem Honig, Kakaopulver und Salz zum Mehl geben und zu einem geschmeidig-feuchten Teig zusammenfügen. Von Hand kneten, bis der Teig elastisch ist. Zu einer Kugel formen, in die vorgewärmte Schüssel geben. Zugedeckt bei Raumtemperatur auf das Doppelte gehen lassen. Die Backformen mit Backpapier auskleiden.

■ Formen: Den Teig in zwei gleich grosse Portionen teilen. Zu länglichen Rollen formen. In die Formen geben. Zugedeckt bei Raumtemperatur bis zum Formenrand gehen lassen. Die Brote mit Eiweiss bestreichen, nach Belieben mehrmals schräg einschneiden.

■ Backen: 30–40 Minuten im unteren Teil des auf 200 Grad vorgeheizten Backofens.

Cornbread

Für eine Brot- oder Cakeform von 25 cm Länge

Teig:
280 g gelbes Maismehl (Reformhaus)
140 g Weissmehl (Typ 405)
½ TL Baking Soda oder Natron
2 TL Backpulver
50 g Zucker
2 TL Salz
2 Eier
200 ml Buttermilch nature
1 EL Maiskeimöl
150 g Maiskörner, frisch oder tiefgekühlt
3 Peperoncini oder Jalapeño-Chilis, samt Samen fein geschnitten

■ Vorbereiten: Die Backform mit Backpapier auskleiden.
■ Teig: Die trockenen Zutaten bis und mit Salz mischen. Die Eier mit Buttermilch und Öl verquirlen. Unter Rühren nach und nach zur Mehlmischung geben, alles zu einem glatten Teig vermengen. Die Maiskörner und die Chilis dazugeben. In die Form füllen, mehrmals auf die Unterlage klopfen, damit keine Hohlräume entstehen.
■ Backen: 30–40 Minuten im unteren Teil des auf 210 Grad vorgeheizten Backofens.

Tipp
■ Passt zu Chili con carne, zu scharfen Gemüse-Eintöpfen und zu Käse (z.B. Stilton).

Sweet cornbread

Für ein rechteckiges Blech von 20 x 30 cm

Butter und Maismehl oder Polentagriess für die Form

Teig:
280–300 g Weissmehl (Typ 405)
140 g mittelfeines Maismehl oder Polentagriess
70–80 g Zucker
½ TL Salz
1 EL Backpulver
300 ml Milch
2 Eier
50 g Butter, flüssig
1½ EL Olivenöl

■ Vorbereiten: Die Backform ausbuttern und mit Mehl oder Polentagriess ausstreuen. Kalt stellen.
■ Teig: Die trockenen Zutaten bis und mit Backpulver mischen. Die Milch mit den Eiern, Butter und Öl verquirlen. Unter Rühren nach und nach zur Mehlmischung geben, alles zu einem glatten, flüssigen Teig vermengen. In die Form geben.
■ Backen: 40–50 Minuten im unteren Teil des auf 180 Grad vorgeheizten Backofens. Stäbchenprobe machen. Die Oberfläche sollte goldbraun gebacken sein.

Sweet cornbread

Bagels

Für 10–12 Stück

Teig:
500 g Weissmehl (Typ 405)
20 g frische Hefe
2 EL Zucker
250–300 ml Milchwasser, lauwarm
75 g Butter, weich
1 Eiweiss
1¾ TL Salz

wenig Zucker
Eigelb zum Bestreichen

■ Vorteig: Das Mehl in eine Schüssel geben. In die Mitte eine Vertiefung drücken. Hefe, Zucker und 150 ml Milchwasser glatt rühren. 10–15 Minuten stehen lassen. Die Hefe in die Vertiefung giessen, dabei immer etwas Mehl vom Rand dazunehmen, bis der Teig dickflüssig ist. Wenig Mehl darüber stäuben. Zugedeckt bei Raumtemperatur gehen lassen, bis sich Risse zeigen.

■ Teig: Die Butter in der restlichen warmen Flüssigkeit schmelzen lassen. Das Eiweiss mit dem Salz verquirlen, zum Mehl geben und alles zu einem geschmeidigen Teig zusammenfügen. Mit den Knethaken der Küchenmaschine mischen, bis der Teig elastisch ist. Zugedeckt bei Raumtemperatur auf das Doppelte gehen lassen.

■ Formen: Den Teig zusammenkneten. In 10–12 gleich grosse Portionen teilen. Zu runden Brötchen formen. In die Mitte ein Loch drücken, den Teigring über den Finger stülpen und kreisen lassen, bis der innere Kreisdurchmesser etwa 5 cm gross ist. Mit Abstand auf ein mit Backpapier belegtes Blech geben. 20 Minuten zugedeckt bei Raumtemperatur gehen lassen. Kurz vor dem Backen die Bagels portionenweise in leicht siedendem Zuckerwasser 10–15 Sekunden ziehen lassen. Mit einer Schaumkelle herausnehmen, gut abtropfen lassen, aufs Blech zurückgeben und mit Eigelb bestreichen.

■ Backen: 20 Minuten in der Mitte des auf 220 Grad vorgeheizten Backofens.

Tipp

■ Dazu passen Doppelrahmfrischkäse, geräucherter Lachs, dünn gehobelte Zwiebelringe, Dill und Senfsauce. Dafür die Bagels waagrecht halbieren und toasten.

Crumpets

Für 15 Stück

Teig:
225 g Halbweissmehl (Typ 405–650)
225 g Dinkelweissmehl (Typ 405)
2 TL Trockenhefe
450–500 ml Wasser, lauwarm
30 g Butter, flüssig
1½ TL Salz
150 ml Milch, lauwarm
½ TL Backpulver

Butter zum Backen

■ Teig: Mehl, Hefe, Wasser und Butter zu einem dickflüssigen Teig verrühren. Bei Raumtemperatur auf das Doppelte gehen lassen. Das Salz dazugeben und den Teig 1 Minute luftig schlagen. 15 Minuten gehen lassen. Milch und Backpulver verrühren und unter den Teig mischen.

■ Backen: Eine beschichtete Bratpfanne von 30 cm Durchmesser reichlich ausbuttern, auf kleinster Stufe warm werden lassen. Den Teig hineingiessen und die Unterseite langsam goldbraun backen. Die Oberseite trocknet ab und sieht wie ein Schwamm aus. Nach Belieben wenden, mit einem Stück Butter dem Rand entlangfahren, schmelzen lassen und die zweite Seite ebenfalls backen. Noch warm servieren.

Tipp

■ Dazu passen Butter und Honig oder dünn aufgeschnittener Käse.

Scones

Teig:
750 g Weissmehl (Typ 405)
3 TL Backpulver
75 g Butter, kalt, in Stücke geschnitten
5 TL Zucker
1½ TL Salz
300–400 ml Buttermilch nature

Ei zum Bestreichen

■ Teig: Mehl, Backpulver und Butter mischen, mit einem grossen Messer feinkrümelig durchhacken. Die restlichen Zutaten dazugeben, rasch zu einem Teig zusammenfügen. Sofort auf bemehlter Arbeitsfläche 2 cm dick auswallen. Kreise von 6 cm Durchmesser ausstechen und auf ein mit Backpapier belegtes Blech geben. Ei mit wenig Wasser verquirlen und die Scones damit bestreichen.

■ Backen: 10–15 Minuten in der Mitte des auf 230 Grad vorgeheizten Backofens. Warm servieren.

Tipp

■ Dazu passen gesalzene Butter, geschlagener Rahm und Bitterorangenmarmelade.

Sweet Potato Bread

Für 2 Brot- oder Cakeformen von 25 cm Länge

1 Süsskartoffel (ca. 250 g)

Teig:
20 g frische Hefe
1 TL Rohzucker oder Malzextrakt
120 ml Milch, lauwarm
2 EL Olivenöl
1½ TL feines Meersalz
1 TL Paprikapulver
450–500 g Weissmehl (Typ 405)
3 EL Schnittlauchröllchen
250 g Rohschinken (z.B. Serrano-Schinken), in Würfel geschnitten
50 g Pinienkerne, geröstet

■ Vorbereiten: Die Süsskartoffel in der Schale im Dampf weich kochen. Schälen, durchpressen oder mit dem Kartoffelstampfer fein zerdrücken. In ein Sieb geben, beiseite stellen.
■ Teig: Die Hefe mit Zucker oder Malzextrakt und 75 ml lauwarmem Wasser verrühren. 10 Minuten bei Raumtemperatur stehen lassen. 150 g Süsskartoffelpüree mit Milch, Öl, Salz, Paprika und der Hefe mischen. Das Mehl nach und nach beifügen, mischen. Der Teig muss weich, darf aber nicht klebrig sein. 1–2 Stunden zugedeckt bei Raumtemperatur auf das Doppelte gehen lassen.
■ Die Backformen mit Backpapier auskleiden.
■ Formen: Den Teig flach drücken, Schnittlauch, Rohschinken und Pinienkerne darauf streuen, aufrollen und 2- bis 3-mal kräftig durchkneten. Anschliessend den Teig halbieren und in die Formen verteilen. Zugedeckt bei Raumtemperatur bis zum Formenrand gehen lassen. Die Brote leicht mit Mehl bestreuen.
■ Backen: 30–40 Minuten im unteren Teil des auf 200 Grad vorgeheizten Backofens. Aus dem Ofen nehmen und mit dem Papier sorgfältig aus den Formen heben. Das Papier von den Seiten lösen und die Brote weitere 10 Minuten backen.

Tipp
■ Passt gut zu Wein.

Variante
■ Statt Süsskartoffel süssen, mehlig kochenden Kürbis verwenden, z.B. Marina di chioggia.

Burgerbrötchen

Teig:
60 g Magermilchpulver
350 ml Wasser, lauwarm
2 EL Zucker
1–2 Päckchen Trockenhefe (14 g)
60 g flüssige Butter, ausgekühlt
1 Ei
1 Eigelb
700 g Weissmehl (Typ 405l)
1½ TL Salz

Milch zum Bestreichen

■ Teig: Milchpulver, Wasser, Zucker und Hefe verrühren. Die Butter beifügen, 10 Minuten bei Raumtemperatur stehen lassen. Ei und Eigelb sowie 600 g Mehl und das Salz dazugeben, alles zu einem Teig zusammenfügen. Kneten und schlagen, bis der Teig elastisch wird. Wenn nötig das restliche Mehl dazugeben. 60 Minuten zugedeckt bei Raumtemperatur gehen lassen.
■ Formen: Den Teig zusammenkneten, zu einer Rolle formen. In 12–16 gleich grosse Portionen teilen, zu Kugeln formen. Mit Abstand auf ein mit Backpapier belegtes Blech setzen. 60 Minuten zugedeckt bei Raumtemperatur gehen lassen. Mit Milch bestreichen.
■ Backen: 12–15 Minuten in der Mitte des auf 200 Grad vorgeheizten Backofens. Sofort verwenden oder tiefkühlen. Die Burgerbrötchen waagrecht halbieren, mit gebratenen Chicken- oder echten Hamburgers, Tomatenscheiben, Eisbergsalat und Ketchup oder süsser Chilisauce füllen.

Variante
■ Nach dem Bestreichen die Burgerbrötchen mit Sesam-, Mohn-, Fenchel- oder Anissamen bestreuen.

Ciabatta

Teig:
1 EL Trockenhefe (11 g)
250–275 ml Wasser, lauwarm
500 g Sauerteig, Seite 19
525–550 g Dinkelweiss- oder -halbweissmehl (Typ 405–650)
2 EL Milchpulver
1 EL feines Meersalz

Dunst zum Bestreuen
Olivenöl zum Bestreichen

■ Vorteig: Die Hefe in einer grossen Schüssel mit 150 ml Flüssigkeit glatt rühren. Bei Raumtemperatur 10–15 Minuten stehen lassen.
■ Teig: Das restliche Wasser und den Sauerteig zur Hefe geben. Mit den Rührbesen der Küchenmaschine bei kleinster Geschwindigkeit 2 Minuten mischen. Das Mehl mit Milchpulver und Salz mischen, beifügen. Mit den Mischhaken der Küchenmaschine kurz mischen, dann mit den Knethaken bei kleinster Geschwindigkeit 6–8 Minuten kneten, bis der Teig sehr elastisch ist. Von Hand einige Minuten weiterkneten. Zu einer Kugel formen, in die geölte Schüssel geben und zugedeckt bei Raumtemperatur auf das Doppelte gehen lassen. Den Teig zusammen-

kneten, ausziehen und falten (siehe Seite 14). Nochmals auf das Doppelte gehen lassen.

■ Formen: Den Teig in 2–3 gleich grosse Portionen teilen. Von Hand jeweils rechteckig ausziehen und flach drücken. Auf ein mit Dunst bestreutes Backpapier geben. 30 Minuten zugedeckt gehen lassen. Nochmals mit den Fingern flach drücken, mit Dunst bestreuen und weitere 30 Minuten gehen lassen. Ein Backblech in den unteren Teil des Ofens schieben und bei 225 Grad vorheizen.

■ Backen: Die Brote auf das heisse Blech ziehen. Ein Gefäss mit kochend heissem Wasser in den Ofen stellen, um Dampf zu erzeugen. 20–25 Minuten backen.

Notiz

Ciabatta, was übersetzt «alter Schuh» heisst, ist inzwischen eines der beliebtesten Sandwichbrote: Man mag es wegen der aromatischen Kruste und dem luftigen Inneren.

Focaccia al pomodoro

Teig:
500 g Weissmehl (Typ 405)
30 g Hefe
3 EL Wasser (ca. 50 ml)
1 kleine Dose (400 g) geschälte Tomaten
2 EL Tomatenpesto oder Tomatenpaste (pürierte eingelegte getrocknete Tomaten)
2 TL Meersalz

■ Vorteig: Das Mehl in eine Schüssel geben. In die Mitte eine Vertiefung drücken. Die Hefe mit dem Wasser glatt rühren. Bei Raumtemperatur 10–15 Minuten stehen lassen. Die Hefe in die Vertiefung giessen, dabei immer etwas Mehl vom Rand dazunehmen, bis der Teig dickflüssig ist. Wenig Mehl darüber stäuben. Zugedeckt bei Raumtemperatur gehen lassen, bis sich Risse zeigen.

■ Teig: Die Tomaten samt Saft, Tomatenpesto oder -paste und Salz zum Mehl geben und zu einem feuchten Teig zusammenfügen. Mit den Knethaken der Küchenmaschine rühren, bis der Teig elastisch ist. Zugedeckt bei Raumtemperatur auf das Doppelte gehen lassen.

■ Formen: Den Teig auf bemehlter Arbeitsfläche auf Backpapier oval flach drücken. Mit dem Teighorn Rhomben einschneiden. 30 Minuten bei Raumtemperatur gehen lassen.

■ Backen: 10 Minuten im unteren Teil des auf 230 Grad vorgeheizten Backofens. Die Temperatur auf 190 Grad reduzieren und weitere 15–25 Minuten backen.

Variante

■ Eine Cake- oder Brotform mit Backpapier auskleiden. Den Teig zu einer Rolle formen, in die Form geben. Zugedeckt im Kühlschrank bis zum Formenrand gehen lassen. Oder den Teig in 20–25 gleich grosse Kugeln formen. Mit kleinem Abstand nebeneinander auf ein mit Backpapier belegtes Blech setzen, gehen lassen. Backen, wie im Rezept angegeben.

Pane al pancetta

Für 2 Brote von je 400 g

Teig:
20 g frische Hefe
150 ml entrahmte Milch, lauwarm
1 TL Zucker
450 g Weissmehl (Typ 405)
1 TL feines Meersalz
1–2 TL fein gehackter Rosmarin
1½ EL Walnussöl
150 g Pancetta (italienischer Bauchspeck), in Streifen geschnitten
100 g Walnüsse, gehackt

Roggenmehl zum Wenden

■ Teig: Die Hefe mit 75 ml Milch und dem Zucker verrühren. 10 Minuten bei Raumtemperatur stehen lassen. Das Mehl mit Salz, Rosmarin, Öl, der restlichen Milch und der Hefe mischen. Zu einem geschmeidigen Teig zusammenfügen. Kneten, bis er weich und elastisch wird. 1–2 Stunden zugedeckt bei Raumtemperatur auf das Doppelte gehen lassen.

■ Formen: Den Speck in einer Pfanne ohne Fett knusprig braten. Auf Haushaltpapier abtropfen lassen. Den Teig nochmals kräftig durchkneten. Speck und Walnüsse beifügen, darunter kneten. Den Teig in 2 gleich grosse Portionen teilen und zu ovalen Broten formen. Im Roggenmehl wenden und nebeneinander auf ein mit Mehl bestreutes Blech setzen. Mehrmals schräg einschneiden. 40–60 Minuten bei Raumtemperatur gehen lassen.

■ Backen: 40–50 Minuten in der Mitte des auf 200 Grad vorgeheizten Backofens.

Pane al zafferano

Teig:
450 g Weissmehl (Typ 405)
20 g frische Hefe
1 TL Zucker
225–275 ml Wasser, lauwarm
1 TL Safranfäden
4 EL Olivenöl
1 TL feines Meersalz
100 g schwarze Oliven, entsteint, gehackt
2 TL gehackter Thymian

Olivenöl zum Bestreichen
Meersalz zum Bestreuen
einige Thymianzweiglein

■ Vorteig: Das Mehl in eine Schüssel geben. In die Mitte eine Vertiefung drücken. Hefe, Zucker und 150 ml Wasser glatt rühren. 10–15 Minuten stehen lassen. Den Safran im restlichen Wasser quellen lassen. Die Hefe in die Vertiefung giessen, dabei immer etwas Mehl vom Rand dazunehmen, bis der Teig dickflüssig ist. Wenig Mehl darüber stäuben. Zugedeckt bei Raumtemperatur gehen lassen, bis sich Risse zeigen.

■ Teig: Öl, Salz und das restliche Wasser zum Mehl geben und zu einem feuchten Teig zusammenfügen. Mit den Knethaken der Küchenmaschine kneten, bis der Teig elastisch ist. Bei Raumtemperatur zugedeckt auf das Doppelte gehen lassen.

■ Formen: Den Teig nochmals zusammenkneten. Die Oliven und den Thymian beifügen und hineinkneten. Den Teig auf bemehlter Arbeitsfläche auf Backpapier oval flach drücken. Mit dem Teighorn Rhomben einschneiden. 30 Minuten zugedeckt bei Raumtemperatur gehen lassen. Mit Öl bestreichen, mit Salz und Thymianzweiglein bestreuen.

■ Backen: 10 Minuten im unteren Teil des auf 230 Grad vorgeheizten Backofens. Die Temperatur auf 190 Grad reduzieren und weitere 15–25 Minuten backen.

Pane al parmiggiano e pancetta

Teig:
300 g Weissmehl (Typ 405)
150 g mittelfeines Maismehl oder Polentagriess
20 g frische Hefe
1 TL Zucker
275–300 ml Wasser, lauwarm
3 EL Olivenöl
1 TL feines Meersalz
75 g Pancetta (italienischer Bauchspeck), in breite Streifen geschnitten
75 g Parmesan, frisch gerieben

Olivenöl zum Bestreichen
mittelfeines Maismehl oder Polentagriess

■ Vorteig: Mehl und Maismehl oder Polentagriess in eine Schüssel geben. In die Mitte eine Vertiefung drücken. Hefe, Zucker und 150 ml Wasser glatt rühren. 10–15 Minuten stehen lassen. Die Hefe in die Vertiefung giessen, dabei immer etwas Mehl vom Rand dazunehmen, bis der Teig dickflüssig ist. Wenig Mehl darüber stäuben. Zugedeckt bei Raumtemperatur gehen lassen, bis sich Risse zeigen.

■ Teig: Öl, Salz und das restliche Wasser zum Mehl geben und zu einem feuchten Teig zusammenfügen. Mit den Knethaken der Küchenmaschine kneten, bis der Teig elastisch ist. Bei Raumtemperatur zugedeckt auf das Doppelte gehen lassen. Den Speck ohne Fett knusprig braten. Auf Haushaltpapier abtropfen lassen, von Hand zerbröseln.

■ Formen: Den Teig zusammenkneten. Speck und Käse beifügen, hineinkneten. Den Teig auf bemehlter Arbeitsfläche auf Backpapier oval flach drücken. Mit dem Teighorn Rhomben einschneiden. 30 Minuten bei Raumtemperatur gehen lassen. Mit Öl bestreichen und wenig salzen.

■ Backen: 10 Minuten im unteren Teil des auf 230 Grad vorgeheizten Backofens. Die Temperatur auf 190 Grad reduzieren und weitere 15–25 Minuten backen.

Focaccia di patate

Für eine Focaccia von 800 g

Teig:
300 g Weissmehl (Typ 405)
½ Bund glattblättrige Petersilie, Blättchen abgezupft
30 g frische Hefe
200 ml Wasser oder trockener Weisswein, lauwarm
2 EL Olivenöl
1½ TL feines Meersalz
300 g gekochte Kartoffeln, geschält, durchgepresst

Dunst zum Auswallen
Olivenöl zum Bestreichen
grobes Meersalz zum Bestreuen

■ Teig: Das Mehl mit der Petersilie portionenweise im Cutter fein mahlen. Mit den restlichen Zutaten bis und mit Salz zu einem feuchten Teig zusammenfügen. Zugedeckt bei Raumtemperatur auf das Doppelte gehen lassen. Die Kartoffeln unter den Teig mischen.
■ Formen: Den Teig auf Backpapier auf reichlich Dunst oval flach drücken. Bei Raumtemperatur gehen lassen. Mit dem Teighorn Rhomben einschneiden, mit Öl bepinseln und leicht salzen.
■ Backen: 30–40 Minuten in der Mitte des auf 200 Grad vorgeheizten Backofens.

Tipp
■ Mit Olivenöl beträufelt und mit Peperoncino und Salz bestreut servieren.

Taralli

Für 48 Stück

Teig:
400 g Weissmehl (Typ 405)
100 g Dunst
1 EL Fenchelsamen
2 TL Trockenhefe
½ TL Zucker
240–260 ml Wasser oder trockener Weisswein, lauwarm
120 ml Olivenöl
1 TL feines Meersalz

Olivenöl fürs Blech
mittelfeines Meersalz zum Bestreuen

■ Teig: Mehl, Dunst und Fenchelsamen in einer Schüssel mischen. Hefe, Zucker und Wasser oder Wein verrühren. 10–15 Minuten bei Raumtemperatur stehen lassen. Mit Öl und Salz nach und nach zum Mehl geben, alles rasch zu einem geschmeidigen Teig zusammenfügen. Kneten, bis er weich und glatt wird. 60 Minuten zugedeckt bei Raumtemperatur gehen lassen.
■ Formen: Den Teig zusammenkneten, zuerst in 4, dann diese in je 12 gleich grosse Portionen teilen. Jede Portion zu einem 12 cm langen Röllchen ausziehen und zu einem Kreis formen. Die Enden befeuchten und gut zusammenpressen. Die Teigringe auf ein geöltes Backpapier geben und mit einem feuchten Tuch bedecken. 30 Minuten bei Raumtemperatur gehen lassen. Die Teigringe kurz vor dem Backen portionenweise in leicht siedendem Wasser ziehen lassen, bis

sie an die Oberfläche steigen. Mit einer Schaumkelle herausheben, gut abtropfen lassen und auf das geölte Backpapier zurücklegen. Mit Salz bestreuen.

■ Backen: 40 Minuten in der Mitte des auf 180 Grad vorgeheizten Backofens.

Variante

■ Statt Fenchelsamen Chiliflocken oder grob zerstossenen schwarzen Pfeffer verwenden.

Notiz

Taralli gehören im Süden Italiens zum Notvorrat. Bei uns sind sie zum beliebten Aperitifgebäck geworden.

Grissini

Für 80 Stück

Teig:
3 TL Trockenhefe
1 TL Malzextrakt oder flüssiger Honig
250–270 ml Wasser, lauwarm
500 g Ruch- oder Weissmehl (Typ 950–405)
30–50 g Parmesan, frisch gerieben
1½ TL Salz
3 EL Olivenöl
1½ EL flüssige Butter

Dunst zum Auswallen
Olivenöl fürs Blech

■ Teig: Die Hefe mit Malzextrakt oder Honig und 50 ml Wasser verrühren. 10–15 Minuten bei Raumtemperatur stehen lassen. Das Mehl mit Käse und Salz mischen. Hefe, Öl und Butter dazugeben und alles rasch zu einem Teig zusammenfügen. Kneten, bis der Teig glatt und geschmeidig wird.

■ Formen: Den Teig auf Dunst rechteckig, in der Grösse eines Backpapiers auswallen. Mit Öl bepinseln und 60 Minuten locker bedeckt bei Raumtemperatur gehen lassen. Dann in ½ cm breite Streifen rädeln oder schneiden. Die Enden nach Belieben formen (verknoten oder umbiegen). Mit etwas Abstand nebeneinander auf ein geöltes Backpapier geben, aufs Blech ziehen. 15 Minuten bei Raumtemperatur gehen lassen.

■ Backen: 12–15 Minuten in der Mitte des auf 200 Grad vorgeheizten Backofens.

Tipps

■ Den Teig, da er schnell austrocknet, portionenweise auswallen oder mit einem feuchten Tuch bedeckt halten.

■ Der Teig ist sehr elastisch und erfordert beim Schneiden und beim Auslegen aufs Blech viel Fingerspitzengefühl. Möglichst rasch und entschlossen arbeiten.

Variante

■ Den Käse weglassen oder zusätzlich ½ Bund glattblättrige, fein gehackte Petersilie beifügen.

Würziges Fladenbrot

Für 8 Stück

Teig:
¾ TL Trockenhefe
1 Prise Zucker
150 ml Wasser, lauwarm
2 EL Olivenöl
250–275 g Weissmehl (Typ 405)
je ½ TL Fenchel-, Anis-, Senf-, Kümmel- und Kreuzkümmelsamen
¾ TL Meersalz

Dunst zum Bestreuen
Olivenöl zum Bestreichen
grobes Meersalz

■ Teig: Die Hefe mit Zucker und 50 ml Wasser verrühren. 10 Minuten bei Raumtemperatur stehen lassen. Das restliche Wasser, 1 EL Öl, Mehl, Gewürze und Salz beifügen. Mit den Knethaken der Küchenmaschine 5 Minuten bei kleinster Geschwindigkeit zu einem geschmeidigen Teig verarbeiten. Ein grosses Blech mit Backpapier belegen und mit Dunst bestreuen.

■ Formen: Den Teig in 4 gleich grosse Portionen teilen. Leicht mit Dunst bestreuen und zudecken, damit sie nicht austrocknen. Mit der Nudelmaschine mit immer kleinerem Walzenabstand dünn auswallen. Das Teigband quer halbieren, nebeneinander aufs Blech legen. Mit Öl bestreichen, wenig Salz darüber streuen.

■ Backen: 12–15 Minuten in der Mitte des auf 190 Grad vorgeheizten Backofens.

Chapati

Für 8 Stück

Teig:
450 g Ruch- oder Halbweissmehl (Typ 950–650) oder Dinkelvollkornmehl (Typ 1500–1800)
1 TL Salz
300–400 ml Wasser

■ Teig: Mehl und Salz in eine Schüssel geben. Nach und nach 225 ml Wasser dazugiessen, alles zu einem weichen Teig mischen. Wenn nötig, das restliche Wasser beifügen. Den Teig 5–7 Minuten kneten. Mit einem feuchten Tuch bedeckt 60 Minuten kühl stellen.

■ Formen: Den Teig in 8 gleich grosse Portionen teilen, diese von Hand flach drücken und auf wenig Mehl zu Kreisen von 18 cm Durchmesser auswallen.

■ Backen: Eine Grillplatte oder eine Gusseisenbratpfanne heiss werden lassen. Die Chapati darin portionenweise unter Wenden hellbraun backen. Zugedeckt warm stellen. Warm servieren.

Variante

■ Puri: Den Teig zubereiten und formen, wie im Rezept beschrieben. Erdnussöl oder Kokosfett in einer Bratpfanne mit hohem Rand auf 180 Grad erhitzen. Die Teigfladen portionenweise unter Wenden goldbraun ausbacken. Auf Haushaltpapier abtropfen lassen, sofort servieren.

Würziges Fladenbrot

Pittabrot

Für 8 Stück

Teig:
1 TL Trockenhefe
250–275 ml Wasser, lauwarm
400–425 g Weissmehl (Typ 405)
1 EL feines Meersalz
½ EL Olivenöl

Dunst und Sesamsamen zum Bestreuen

■ Vorteig: Die Hefe im Wasser auflösen. 200 g Mehl beifügen, glatt rühren. 60–90 Minuten zugedeckt bei Raumtemperatur stehen lassen.
■ Teig: Weitere 200 g Mehl, Salz und Öl zum Vorteig geben. Mit den Knethaken der Küchenmaschine 5 Minuten kneten. Wenn nötig, das restliche Mehl beifügen. Zugedeckt bei Raumtemperatur auf das Doppelte gehen lassen.
■ Formen: Den Teig in 16 gleich grosse Portionen teilen, diese jeweils flach drücken und zu Kreisen von 8 cm Durchmesser auswallen. Die Hälfte der Kreise mit je ½ TL Dunst bestreuen. Mit den übrigen Kreisen bedecken. Erneut auswallen, bis der Durchmesser rund 20 cm beträgt. Mit Wasser bestreichen, mit Sesamsamen bestreuen und diese leicht andrücken.
■ Backen: 5 Minuten in der Mitte des auf 240 Grad vorgeheizten Backofens.

Lingue di suocera

Für 750 g

Teig:
350 g Weissmehl (Typ 405)
250 g Dunst oder Teigwarenmehl
200 g Sauerteig, Rezept Seite 19
3 TL feines Meersalz
250–300 ml Wasser
2 EL Olivenöl

Dunst zum Auswallen
Olivenöl zum Bestreichen

■ Teig: Die Zutaten mit den Knethaken der Küchenmaschine 7 Minuten bei kleinster Geschwindigkeit durcharbeiten. In einem Plastikbeutel im Kühlschrank 6 Stunden oder über Nacht ruhen lassen.
■ Formen: Den Teig in 8 gleich grosse Portionen teilen, zudecken, damit er nicht austrocknet. Portionenweise in Dunst wenden und mit der Nudelmaschine mit immer kleinerem Walzenabstand dünn auswallen. Die Teigstreifen nebeneinander auf ein leicht geöltes Backpapier aufs Blech legen und mit Öl bestreichen.
■ Backen: 4–6 Minuten in der Mitte des auf 210 Grad vorgeheizten Backofens.

Tipps
■ Lingue di suocera, wörtlich übersetzt «Schwiegermutterzungen», passen zu Antipasti, Salaten, mariniertem Gemüse oder zu Wein.
■ In einer Kartonschachtel oder in Cellophan verpackt sind sie 2–3 Monate haltbar.

Naan

Für 4–6 Stück

Teig:
100 g Joghurt nature
100 ml Wasser, heiss
1 TL Trockenhefe
50–60 ml Wasser, lauwarm
375–385 g Weissmehl (Typ 405)
1 TL feines Meersalz
1 EL Distel- oder Maiskeimöl
3 EL Sesamsamen

■ Vorteig: Den Joghurt mit dem Wasser verrühren (sollte dabei handwarm werden). Die Hefe im Wasser auflösen. Mit 250 g Mehl und dem Joghurt mischen, glatt rühren. 30 Minuten bei Raumtemperatur zugedeckt stehen lassen.
■ Teig: Das restliche Mehl, Salz und Öl beifügen. Mit den Knethaken der Küchenmaschine 5 Minuten mischen. Bei Raumtemperatur zugedeckt auf das Doppelte gehen lassen.
■ Formen: Den Teig in 4–6 gleich grosse Portionen teilen. Auf leicht bemehlter Arbeitsfläche zu Kreisen von 10–12 cm Durchmesser auswallen. Auf ein mit Backpapier belegtes Blech legen.
■ Backen: 6–8 Minuten in der Mitte des auf 240 Grad vorgeheizten Backofens.

Tipp
■ Passt zu Curries, Linsengerichten oder -salaten.

Pappadum
Linsencracker

Teig:
100 g Linsenmehl (ersatzweise grüne oder rote Linsen, fein gemahlen)
100 g Dunst
1¼ TL Madrascurry
1½ TL feines Meersalz
1 TL frisch gemahlener Pfeffer
200–220 ml Wasser, lauwarm

Olivenöl zum Bestreichen

■ Teig: Die trockenen Zutaten mischen. Das Wasser beifügen, mischen und alles zu einem weichen Teig zusammenfügen. Auf bemehlter Arbeitsfläche kurz kneten.
■ Formen: Den Teig portionenweise in Dunst wenden und mit der Nudelmaschine mit immer kleinerem Walzenabstand dünn auswallen. Die Teigstreifen je nach Länge halbieren oder dritteln. Nebeneinander auf ein mit Backpapier belegtes Blech legen und mit Öl bestreichen, mit wenig Salz bestreuen.
■ Backen: 5 Minuten in der Mitte des auf 220 Grad vorgeheizten Backofens.

Tipp
■ Linsenmehl ist in Spezialitätengeschäften mit indischen Lebensmitteln erhältlich .

Grilliertes Fladenbrot

Für 16 Stück

Teig:
2 TL Nigellasamen
125 ml Wasser
250 g Joghurt nature (aus Ziegen- oder Kuhmilch)
2 TL Trockenhefe
200 g Weissmehl (Typ 405)
2–3 junge Frühlingszwiebeln, fein gehackt
1 TL feines Meersalz
2 EL Maiskeimöl
350 g Ruchmehl (Typ 650–950)

Mehl zum Auswallen
Öl zum Bestreichen

- Vorteig: Die Nigellasamen 1 Minute in siedendem Wasser kochen, auskühlen lassen. Mit Joghurt, Hefe und Mehl verrühren. 30 Minuten bei Raumtemperatur zugedeckt stehen lassen.
- Teig: Frühlingszwiebeln, Salz, Öl und Mehl zum Vorteig geben, mischen. Kurz kneten, bis der Teig geschmeidig wird. 15 Minuten bei Raumtemperatur zugedeckt stehen lassen.
- Formen: Den Teig in 16 gleich grosse Portionen teilen, bedeckt halten. Eine Portion nach der anderen auf Mehl 3 mm dick auswallen.
- Grillieren: Eine Brat- oder Grillpfanne erhitzen. Die Fladenbrote mit Öl bestreichen. Zuerst mit der geölten Seite nach unten 1 Minute grillieren. Wenden und die zweite Seite ebenfalls 1 Minute grillieren. Aufpassen, dass die Pfanne nicht zu heiss wird, damit die Brote durchbacken können. Im Backofen in einem Tuch warm halten.

Varianten
- Statt Nigella- oder Kalonjisamen (in Spezialitätengeschäften mit indischen Lebensmitteln erhältlich) Kreuzkümmel, zerstossene Koriandersamen oder Fenchelsamen verwenden. Die Fladenbrote können auch im 180 Grad heissen Kokosfett ausgebacken werden.

Pain au cidre

Für 3 Brote von 500 g

Teig:
330 g Weissmehl (Typ 405), z.B. Dinkel, Weizen
330 g feines Vollkornmehl (Typ 1100), z.B. Dinkel, Weizen
330 g Roggenmehl, hell oder dunkel
20 g frische Hefe
325 ml Wasser, lauwarm
325 ml Cidre (Apfelwein oder Apfelchampagner)
1½ EL feines Meersalz

Dunst zum Bestreuen

- Vorteig: Das Mehl mischen. In die Mitte eine Vertiefung drücken. Die Hefe mit 150 ml Wasser glatt rühren. Bei Raumtemperatur 10–15 Minuten stehen lassen. Die Hefe in die Vertiefung giessen, dabei immer etwas Mehl vom Rand dazunehmen, bis der Teig dickflüssig ist. Wenig Mehl darüber stäuben. Zugedeckt bei Raumtemperatur gehen lassen, bis sich Risse zeigen.

■ Teig: Das restliche Wasser, Cidre und Salz nach und nach zum Mehl geben und alles zu einem geschmeidigen Teig zusammenfügen. Von Hand kneten, bis der Teig elastisch ist. Zu einer Kugel formen und in die vorgewärmte Schüssel geben. Zugedeckt bei Raumtemperatur auf das Doppelte gehen lassen.

■ Formen: Den Teig zusammenkneten. In 3 gleich grosse Portionen teilen und diese zu ovalen Broten formen. Auf ein mit Dunst bestreutes Backpapier aufs Blech geben. Mit Dunst bestreuen. Nach Belieben 1- bis 2-mal einschneiden. Bei Raumtemperatur gehen lassen.

■ Backen: 15 Minuten in der unteren Hälfte des auf 220 Grad vorgeheizten Backofens. Die Temperatur auf 200 Grad reduzieren und weitere 20–30 Minuten backen.

Pain au levain

Sehr aufwendig, aber es lohnt sich!

Sauerteig:
100 g Weissmehl (Typ 405)
40 g Vollkornmehl (Typ 1500–1800)
3 EL Quellwasser
40 ml frisch gepresster Orangensaft
1 EL flüssiger Honig

Sauerteig-Auffrischung:
8 EL frisch gepresster Orangensaft
8 TL Quellwasser
100 g Weissmehl (Typ 405)
40 g Vollkornmehl (Typ 1500–1800)

Teig:
400 g Weissmehl (Typ 405)
100 g Vollkornmehl (Typ 1500–1800)
25 g Weizenkeime
50 ml frisch gepresster Orangensaft
200–250 ml Quellwasser, lauwarm
15 g feines Meersalz

Öl für die Form
Dunst zum Formen

■ Sauerteig: Die Zutaten mit den Knethaken der Küchenmaschine 8 Minuten mischen. 2–3 Tage zugedeckt bei Raumtemperatur gehen lassen. Jeweils die Hälfte der Zutaten zur Auffrischung zum gärenden Sauerteig geben, gründlich mischen. Weitere 15–20 Stunden zugedeckt bei Raumtemperatur gehen lassen. Die restlichen Zutaten zur Auffrischung zum gärenden Sauerteig geben, nochmals 8–12 Stunden zugedeckt bei Raumtemperatur gehen lassen.

■ Teig: Mehl, Weizenkeime, Orangensaft und Wasser mit den Knethaken der Küchenmaschine 6 Minuten mischen. 500 g Sauerteig beifügen, weitere 4 Minuten mischen. Das Salz dazugeben, weitere 5 Minuten mischen. Der Teig muss sehr feucht, aber elastisch-fest sein. Zu einer Kugel formen und in eine geölte vorgewärmte Schüssel geben. 60 Minuten zugedeckt bei Raumtemperatur gehen lassen. Den Teig zusammenkneten, zu einer Kugel formen, erneut 2 Stunden zugedeckt gehen lassen. Den Teig wieder zu einem flachen Rechteck zusammendrücken, zur Hälfte zusammenschlagen, dann dreifach falten. Beim Falten die entstandene Luft hinausdrücken. 60 Minuten zugedeckt gehen lassen. Den Vorgang des Faltens wiederholen.

■ Formen: Den Teig in 2 gleich grosse Portionen teilen, zu länglichen Laiben formen und mit Dunst bestreuen. 2–3 Stunden zugedeckt bei Raumtemperatur gehen lassen. Die Brote mit einem scharfen Messer längs einschneiden.

■ Backen: 5 Minuten in der Mitte des auf 250 Grad vorgeheizten Backofens, dabei zweimal Wasser an die Innenwände des Ofens sprühen. Die Temperatur auf 200 Grad reduzieren und weitere 55–60 Minuten backen.

Tipps

■ Dazu passt Quittenpaste und Ziegenkäse.

■ Wird der Sauerteigansatz nicht sofort verwendet, gut verschlossen im Kühlschrank aufbewahren.

Laugenbrezeln

Für 12 Stück

Teig:
300 g Weissmehl (Typ 405)
150 g Zopfmehl (Typ 405 mit Dinkel))
20 g frische Hefe
300 ml Milchwasser, lauwarm
25 g Butter, weich
1¼ TL Salz

Lauge:
450 ml Wasser
30 g Natron (Speisesoda)
1 TL Salz

grobes Meersalz zum Bestreuen
1 Eiweiss, verquirlt

Füllung:
Süssrahmbutter, weich
100 ml Rahm

■ Vorteig: Das Mehl mischen, in eine Schüssel geben. In die Mitte eine Vertiefung drücken. Die Hefe mit 150 ml Milchwasser glatt rühren. Bei Raumtemperatur 10–15 Minuten stehen lassen. Die Hefe in die Vertiefung giessen, dabei immer etwas Mehl vom Rand dazunehmen, bis der Teig dickflüssig ist. Wenig Mehl darüber stäuben. Zugedeckt bei Raumtemperatur gehen lassen, bis sich Risse zeigen.

■ Teig: Butter und Salz zum restlichen warmen Milchwasser geben. Nach und nach zum Mehl giessen und alles zu einem geschmeidigen Teig zusammenfügen. Von

Hand kneten, bis der Teig elastisch ist. Zu einer Kugel formen, in eine vorgewärmte Schüssel geben und zugedeckt bei Raumtemperatur auf das Doppelte gehen lassen.

■ Formen: Den Teig in 12 gleich grosse Portionen teilen. Jeweils zu einem etwa 45 cm langen, gut fingerdicken Strang ausziehen. Die Enden zweimal kreuzen und den entstandenen Boden darüber legen. Die Brezel auf ein bemehltes Brett legen und 30 Minuten bei Raumtemperatur gehen lassen.

■ Lauge: Wasser, Natron und Salz aufkochen. Die Brezeln kurz vor dem Backen portionenweise in die heisse, aber nicht kochende Lauge geben. Sobald sie an die Oberfläche steigen und etwas aufgesprungen sind, herausnehmen. Noch nass auf ein mit Dauerbacktrennfolie belegtes Blech setzen und mit Salz bestreuen.

■ Backen: 15 Minuten in der Mitte des auf 200 Grad vorgeheizten Backofens. Herausnehmen und leicht auskühlen lassen. Mit Eiweiss bestreichen, damit sie schön glänzen.

■ Füllung: Die Butter glatt rühren, bis sie Spitzen bekommt. Den Rahm steif schlagen und locker darunter ziehen. Die Brezeln waagrecht durchschneiden, mit Schaumbutter bestreichen und wieder zusammensetzen.

Tipps

■ Wichtig: Nicht gewöhnliches Backpapier verwenden, es wird von der Lauge angegriffen. Dauerbacktrennfolie ist resistent und kann danach nur feucht abgewischt werden. Die Lauge in einem Chromstahl-, Keramik- oder Glasgefäss ansetzen.

■ Je konzentrierter die Lauge ist, desto dunkler werden die Brezeln beim Backen.

■ Die Lauge ist in einem gut verschliessbaren Einmachglas mehrere Monate im Kühlschrank haltbar. Nicht mehr benötigte Lauge nicht einfach weggiessen, sondern gesondert entsorgen.

Varianten

■ Statt Brezeln längliche oder runde Brötchen formen. Zuerst in die Lauge tauchen, dann 2- bis 3-mal schräg einschneiden, damit es die typischen weissen Einschnitte ergibt.

■ Für grössere Brezeln den Teig in 4 gleich grosse Portionen teilen und jeweils zu 70 cm langen Strängen ausziehen. Die Backzeit beträgt 20–30 Minuten.

■ Die Schaumbutter mit gemischten gehackten Kräutern oder feinen Sprossen abschmecken.

■ Statt Butter und Rahm Quark, Mascarpone oder Frischkäse verwenden. Statt Kräuter fein geraspelte Karotten, geröstete, geschälte und grob gehackte Nüsse und einige Tropfen Nussöl verwenden.

Panettone

Für 2 Panettone von ca. 900 g

Teig:
40 g frische Hefe oder 5 TL Trockenhefe
125 ml Wasser, lauwarm
575 g Weissmehl (Typ 405)
50 ml Milch, lauwarm
150 g Zucker
1 TL Vanilleextrakt
4 Eier
2 Eigelb
175 g Süssrahmbutter

Füllung:
175 g Sultaninen und Rosinen, gemischt
175 g kandierte gewürfelte Früchte
je 1 Orange und Zitrone, abgeriebene Schale
2 EL Weissmehl (Typ 405)

2 EL Butter
Puderzucker und Vanillezucker zum Bestäuben

■ Vorbereiten: Panettoneformen verwenden oder aus Karton zwei Rechtecke von je 12 x 48 cm schneiden, mit fester Alufolie überziehen. Zu einem Ring schliessen, mit Küchenschnur und Klammer fixieren.

■ Vorteig: 20 g Hefe oder 2½ TL Trockenhefe mit dem lauwarmen Wasser verrühren. Zugedeckt bei Raumtemperatur 10–15 Minuten stehen lassen. 75 g Mehl unter Rühren beifügen. Zugedeckt bei Raumtemperatur 20–30 Minuten auf das Doppelte aufgehen lassen. Die restliche Hefe mit der Milch verrühren.

■ Teig: Zucker, Vanilleextrakt, Eier und Eigelbe mit der Hefemilch verrühren. Mit dem Vorteig und der Butter zum restlichen Mehl geben. Mit der Maschine zu einem weichen Teig zusammenfügen und kurz kneten (Konsistenz eines weichen Rührteigs; wenn nötig, etwas Mehl dazugeben). Zugedeckt bei Raumtemperatur 1–2 Stunden oder über Nacht an einem kühlen Ort (aber nicht im Kühlschrank) auf das Doppelte gehen lassen.

■ Füllung: Die Sultaninen knapp mit Wasser bedeckt 60 Minuten quellen lassen. Abschütten und trocknen. Mit den kandierten Früchten und der Zitrusschale mischen. 2 EL Mehl darüber streuen, mischen.

■ Formen: Den Teig halbieren. Von Hand auf bemehlter Arbeitsfläche oval flach drücken. Mit je ¼ der Füllung bestreuen. Von der Schmalseite her aufrollen. Nochmals flach drücken, mit der restlichen Füllung bestreuen, aufrollen und jeweils zu einer Kugel formen. Die Formen ausbuttern und bemehlen. Auf ein mit Backpapier belegtes Blech stellen. Die zwei Teigportionen in die Formen geben. Die Rundung mit einer Schere übers Kreuz einschneiden. Bei Raumtemperatur bis zum Formenrand gehen lassen (dauert ca. 2 Stunden). Den Einschnitt nachschneiden, je 1 EL Butter hineinstecken.

■ Backen: 10 Minuten auf der untersten Schiene des auf 200 Grad vorgeheizten Backofens. Die Temperatur auf 185 Grad reduzieren, weitere 10 Minuten backen. Die Temperatur nochmals um 10 Grad reduzieren und weitere 30–40 Minuten backen. Stäbchenprobe machen.

■ Den Panettone zuerst in der Form etwas auskühlen lassen, dann vorsichtig aus der Form lösen. Auf der Seite liegend auskühlen lassen, damit er durch das Gewicht nicht zusammenfällt. Puderzucker und Vanillezucker in einem grossen Plastikbeutel mischen. Den Panettone noch warm in den Beutel geben, verschliessen und vorsichtig schütteln, bis er weiss überzuckert ist. Darin auskühlen lassen. So bleibt er schön feucht.

Tipp

■ Der Hefeteig ist sehr weich. Er gelingt am besten, wenn man ihn in der Maschine zubereitet.

Variante

■ Portionen-Panettone: 18–24 Portionenförmen (4–5 cm hoch, 6–8 cm im Durchmesser), z.B. aus Karton selbst geformt, aus festem Papier (Diplomatförmchen) oder Souffléförmchen aus Porzellan, ausbuttern und bemehlen. Teigportionen bis ¾ der Höhe einfüllen, bis zum Formenrand gehen lassen. Backen: Die ersten 20 Minuten wie im Rezept angegeben, dann bei 175 Grad 15–20 Minuten fertig backen.

Butterzopf

Für 2 Zöpfe von 750 g

Teig:
1 kg Zopfmehl (Typ 405 mit Dinkel)
20 g frische Hefe
2–3 TL Zucker oder flüssiger Honig
600–700 ml Milch, lauwarm
150 g Butter, weich
2½–3 TL feines Salz

1 Ei
2 EL Milch
1 Msp. Safran

■ Vorteig: Das Mehl in eine Schüssel geben. In die Mitte eine Vertiefung drücken. Die Hefe mit Zucker oder Honig und 150 ml Milch glatt rühren. Bei Raumtemperatur 10–15 Minuten stehen lassen. Die Hefe in die Vertiefung giessen, dabei immer etwas Mehl vom Rand dazunehmen, bis der Teig dickflüssig ist. Wenig Mehl darüber stäuben. Zugedeckt bei Raumtemperatur gehen lassen, bis sich Risse zeigen.

■ Teig: Butter und Salz zur restlichen warmen Milch geben. Nach und nach zum Mehl giessen und alles zu einem geschmeidigen Teig zusammenfügen. Von Hand kneten, bis der Teig elastisch ist. Zu einer Kugel formen und in die vorgewärmte Schüssel geben. Zugedeckt bei Raumtemperatur auf das Doppelte gehen lassen.

■ Formen: Den Teig in 4 gleich grosse Portionen teilen. Diese zu langen Strängen ausziehen, die sich an den Enden verjüngen. 2 Stränge übers Kreuz aufeinander legen und umeinander schlingen. Zu einem Zopf formen, auf ein mit Backpapier belegtes Blech geben. Den zweiten Zopf ebenso formen. Mit Wasser besprühen. Zugedeckt bei Raumtemperatur 30–40 Minuten gehen lassen. Ei, Milch und Safran verquirlen. Die Zöpfe damit bestreichen.

■ Backen: 40–50 Minuten im unteren Teil des auf 220 Grad vorgeheizten Backofens. Nach 15 Minuten die Temperatur auf 180–190 Grad reduzieren. Backtest, siehe Seite 16. Herausnehmen und auskühlen lassen.

Tipps

■ Ohne Ei (im Teig) und mit weniger Hefe (dafür mit einem Vorteig) ist der Butterzopf länger haltbar.

■ Die ganze Portion Teig zu einem grossen Zopf flechten. Die Backzeit verlängert sich um 10–15 Minuten.

■ Tiefkühlen: Den ganzen Zopf noch lauwarm tiefkühlen. Über Nacht im Kühlschrank auftauen lassen, im 175 Grad heissen Backofen aufbacken. Oder den Zopf noch lauwarm in Scheiben schneiden, so dass er unten noch zusammen hält. Backpapierstreifen zwischen die Scheiben legen, tiefkühlen. Die Scheiben noch gefroren im Toaster aufbacken.

Variante

■ Zopf aus 4 Strängen: Die beiden äusseren Stränge jeweils in die Mitte legen.

■ Zopf aus 3 Strängen: Wie einen Haarzopf flechten.

■ Knoten: Den Teig in 8 Portionen teilen, diese zu etwa 25 cm langen Strängen ausziehen. Wie einen Schuhknoten verschlingen. Backen: 15–20 Minuten in der Mitte des auf 220 Grad vorgeheizten Backofens.

■ Kranz: Den Teig in 8 Portionen teilen, diese zu 40 cm langen Strängen ausziehen. Jeweils 2 davon zusammen verdrehen und zu einem Kranz formen. Die Enden mit Wasser bestreichen, auf der Unterseite zusammendrücken.

■ Zopf aus 1 Strang: ⅛ oder ¼ der Teigmenge gut daumendick ausziehen.

■ Grittibänz: Formen, siehe Seite 68. Backen: 30–35 Minuten in der Mitte des auf 220 Grad vorgeheizten Backofens. Nach 15 Minuten die Temperatur auf 200 Grad reduzieren.

■ Täubchen: Den Teig in 8 Portionen teilen, diese zu langen Strängen ausziehen. Die Enden dicker lassen als die Mitte. Wie einen Schuhknoten verschlingen. Das eingeschlungene Ende zum Köpfchen formen. Das andere Ende als Schwanz flach drücken, einschneiden. Backen wie Grittibänz, Seite 68.

Pan d'oro

Der beste Panettone

Pan-d'oro-Form von 20 cm Durchmesser, 2 Liter Inhalt und 15 cm Höhe

Vorteig:
20 g frische Hefe
½ TL Zucker
4–5 EL Wasser, lauwarm
50 g Zopfmehl (Typ 405 mit Dinkel)
10 g Butter, weich

Teig:
350 g Zopfmehl (Typ 405 mit Dinkel)
50 g Butter, weich
6 Eigelb
100 g Zucker
3 EL Milch
1 Zitrone, abgeriebene Schale
2 Päckchen Vanillezucker (ca. 40 g)
½ TL Salz
100 Butter, eiskalt

Butter für die Form und zum Bestreichen
1–2 EL Zucker zum Bestreuen

■ Vorteig: Hefe, Zucker, Wasser und Mehl zu einem zähflüssigen Teig verrühren. Wenig Mehl darüber stäuben und zugedeckt bei Raumtemperatur auf das Doppelte gehen lassen. Die Form ausbuttern, bis zur Verwendung kalt stellen.

■ Teig: 100 g Mehl, 20 g Butter, 3 Eigelb und 60 g Zucker zum Vorteig geben, kurz darunter mischen. Zugedeckt auf das Doppelte gehen lassen. Anschliessend das restliche Mehl, die restliche Butter, die restlichen 3 Eigelb, den restlichen Zucker und die Milch dazugeben. Zitronenschale, Vanillezucker und Salz beifügen, alles zu einem weichen Teig verkneten. Zugedeckt auf das Doppelte gehen lassen.

■ Formen: Den Teig auf bemehlter Arbeitsfläche zu einem langen Band auswallen. Die Butter mit der Röstiraffel darüber reiben. Leicht andrücken. Den Teig dreifach falten (obere Schmalseite nach unten legen, untere Schmalseite darüber legen). Erneut auswallen und nochmals falten. 30 Minuten zugedeckt bei Raumtemperatur gehen lassen. Dann den Teig in die Form geben, mit wenig Butter bestreichen und mit Zucker bestreuen. Bei Raumtemperatur bis knapp zum Formenrand gehen lassen.

■ Backen: 50–60 Minuten auf der untersten Schiene im auf 180 Grad vorgeheizten Backofen. Wenn die Oberfläche zu dunkel wird, mit Folie abdecken. 15 Minuten in der Form auskühlen lassen, dann stürzen, auf der Seite liegend auskühlen lassen.

Tipps

■ Die Butter vor dem Reiben am besten im Tiefkühler anfrieren lassen.

■ Pan-d'oro-Formen sind meistens aus Weissblech und leiten deshalb die Hitze schlecht. 10 Minuten vor Ende der Backzeit die Oberhitze ausschalten und den Pan d'oro nur mit Unterhitze fertig backen. Damit Boden und Seiten ebenfalls goldbraun werden.

■ Wenn Sie keine Pan-d'oro-Form haben: Aus festem Karton ein Rechteck von 15 x 50 cm schneiden. Mit fester Alufolie überziehen, zu einem Ring schliessen und mit Küchen-

schnur binden. Innen ausbuttern und auf ein mit Backpapier belegtes Blech setzen. Den Teig durchkneten, zu einer Kugel formen und in die Form geben. Backen, wie im Rezept beschrieben (siehe auch Rezept Panettone, Seite 63).

Varianten

- Zusätzlich 100 g Mandelstifte und 100 g gehacktes Orangeat unter den fertigen Hefeteig mischen.
- In einem Plastikbeutel 50 g Puderzucker mit 1 Päckchen Vanillezucker mischen. Den noch lauwarmen Pan d'oro darin wenden. Dann verschliessen und darin aufbewahren; so bleibt er schön feucht.

Grittibänz

Für 2 Stück

Teig:
8–12 Safranfäden
50 ml Milch
350 g Zopfmehl (Typ 405 mit Dinkel)
20 g frische Hefe
50–75 g Zucker
4 EL Milch
100 g Butter, weich
1 Ei, verquirlt
1 TL Salz
1 Zitrone, abgeriebene Schale

Rosinen für die Augen
1 Ei
1 EL ungezuckerte Kondensmilch
geschälte ganze Mandeln, Hagelzucker zum Verzieren

- Vorbereiten: Den Safran in einer Pfanne trocken rösten. Zwischen den Fingern fein zerreiben, 2 EL heisses Wasser beifügen, mit der Milch mischen und beiseite stellen.
- Vorteig: Das Mehl in eine Schüssel geben. In die Mitte eine Vertiefung drücken. Die Hefe mit 3 TL Zucker und der Milch glatt rühren. Bei Raumtemperatur 10–15 Minuten stehen lassen. Die Hefe in die Vertiefung giessen, dabei immer etwas Mehl vom Rand dazunehmen, bis der Teig dickflüssig ist. Wenig Mehl darüber stäuben. Zugedeckt bei Raumtemperatur gehen lassen, bis sich Risse zeigen.
- Teig: Den restlichen Zucker, Butter, Ei, Salz, Zitronenschale und die Safranmilch nach

und nach zum Mehl geben. Zu einem geschmeidigen Teig zusammenfügen und von Hand kneten, bis der Teig elastisch ist. Zu einer Kugel formen und in die vorgewärmte Schüssel geben. Zugedeckt bei Raumtemperatur auf das Doppelte gehen lassen.

■ Formen: Den Teig in 2 gleich grosse Portionen teilen. Zu dicken Rollen formen. Jeweils 1/5 für Kopf und Verzierungen wegschneiden. Für die Beine von unten einmal senkrecht 1/3 hoch einschneiden. Die Arme seitlich schräg vom Rumpf schneiden und formen. Aus dem restlichen Teig Kopf und Verzierungen formen. Mit Wasser aufkleben. Für die Augen Rosinen in den Teig drücken. 30 Minuten zugedeckt bei Raumtemperatur gehen lassen.
Das Ei mit der Kondensmilch verquirlen. Den Teig zweimal damit bestreichen. Mit Mandeln und Hagelzucker verzieren.

■ Backen: 30–35 Minuten in der Mitte des auf 220 Grad vorgeheizten Backofens. Nach 15 Minuten auf 200 Grad reduzieren.

Varianten

■ Je 50 g Rosinen und Sultaninen unter den Teig mischen.

■ Statt Safranfäden 2 Messerspitzen Safranpulver unter den Teig mischen.

■ Den Teig nicht mit Ei, sondern mit Safranmilch bestreichen. Wird ebenfalls schön gelb.

Colomba

Ostertaube

Vorteig 1:
20 g frische Hefe
1 EL Zucker
100 ml Wasser, lauwarm
3 Eigelb
75 g Weissmehl (Typ 405)

Vorteig 2:
1 nussgrosses Stück frische Hefe (7 g)
5 EL Wasser, lauwarm
50 g Butter, weich
200 g Weissmehl (Typ 405)

Teig:
150 g Zucker
1 EL flüssiger Honig
3 Eigelb
2 TL Vanillezucker
2 Orangen, abgeriebene Schale
100 g Butter, weich
250 g Weissmehl (Typ 405)
1 TL Salz
150 g Orangeat, fein gewürfelt

Verzierung:
50 g geschälte, gemahlene Mandeln
100 g Zucker
1–2 Eiweiss, verquirlt
ganze geschälte Mandeln, Hagelzucker

■ Vorteig 1: Hefe, Zucker und Wasser verrühren. 20 Minuten bei Raumtemperatur stehen lassen. Die Eigelbe und das Mehl dazugeben, glatt rühren. 30 Minuten zugedeckt bei Raumtemperatur gehen lassen.

■ Vorteig 2: Hefe und Wasser verrühren. 20 Minuten bei Raumtemperatur stehen lassen. Mit den übrigen Zutaten zum Vorteig 1 geben, mischen. 90 Minuten zugedeckt bei Raumtemperatur gehen lassen.
■ Teig: Alle Zutaten zum Vorteig geben, zu einem Teig zusammenfügen und kneten, bis er glatt und geschmeidig wird. 2–3 Stunden zugedeckt bei Raumtemperatur gehen lassen.
■ Formen: Den Teig halbieren (oder vierteln), zu länglichen Ovalen formen. Eines der Teigovale auf ein mit Backpapier belegtes Blech geben. Mit dem Wallholz in der Mitte eindrücken. Das zweite Oval darauf legen, zu einer Taube formen. Feste Alufolie mehrmals falten, den Streifen satt um die Kontur legen, damit die Taube in Form bleibt. 30 Minuten zugedeckt bei Raumtemperatur gehen lassen.
■ Verzieren: Mandeln, Zucker und Eiweiss mischen. Die Teigoberfläche damit bestreichen. Mit ganzen Mandeln und Hagelzucker bestreuen.
■ Backen: 10 Minuten im unteren Teil des auf 200 Grad vorgeheizten Backofens. Die Temperatur auf 175–180 Grad reduzieren und weitere 30–40 Minuten backen.

Tipp
■ Colombaformen aus Weissblech oder beschichtetem Blech sind in gut sortierten Haushaltwarengeschäften zu finden. Leider gibt es die typischen Papierformen nur für den Profibedarf.

Hot Cross Buns

Kreuzbrötchen (Ostergebäck)

Für 24 Stück

Teig:
650–700 g Weissmehl (Typ 405)
knapp 2 EL Trockenhefe
80 g Zucker
200 ml Milch, lauwarm
150 g Butter, weich
2 TL Salz
¾ TL gemahlener Zimt
¾ TL gemahlene Muskatnuss
4 grosse Eier, verquirlt
100 g Sultaninen

Verzierung:
2 Eiweiss
1 Prise Salz
150 g Puderzucker
2 EL Zitronensaft

■ Vorteig: Das Mehl in eine Schüssel geben. In die Mitte eine Vertiefung drücken. Die Hefe, 2 EL Zucker und 150 ml Milch glatt rühren. 10–15 Minuten stehen lassen. Die Hefe in die Vertiefung giessen, dabei immer etwas Mehl vom Rand dazunehmen, bis der Teig dickflüssig ist. Wenig Mehl darüber stäuben. Zugedeckt bei Raumtemperatur gehen lassen, bis sich Risse zeigen.

■ Teig: Die Butter in der restlichen warmen Milch schmelzen lassen. Mit Salz, Gewürzen und Eiern zum Mehl geben und alles zu einem feuchten Teig zusammenfügen. Mit den Knethaken der Küchenmaschine rühren, bis der Teig elastisch ist. Zugedeckt bei Raumtemperatur auf das Doppelte gehen lassen. Den Teig zusammenkneten. Die Sultaninen beifügen und hineinarbeiten. Den Teig zugedeckt über Nacht im Kühlschrank gehen lassen.

■ Formen: Den Teig in 24 gleich grosse Portionen teilen. Zu Kugeln formen, dicht nebeneinander, aber ohne dass sie sich berühren, auf ein mit Backpapier belegtes Blech setzen (in 2–3 Reihen). 60 Minuten zugedeckt bei Raumtemperatur gehen lassen.

■ Verzieren: 1 Eiweiss mit dem Salz und 1 EL Wasser verquirlen. Die Brötchen damit bestreichen. Anschliessend mit einem scharfen Messer übers Kreuz einschneiden.

■ Backen: 10 Minuten im unteren Teil des auf 200 Grad vorgeheizten Backofens. Die Temperatur auf 180 Grad reduzieren und weitere 15–25 Minuten backen. Das restliche Eiweiss mit Puderzucker und Zitronensaft verrühren und die Brötchen damit verzieren.

Brioches au chocolat

Für 10 Stück

1 Portion Briocheteig, Seite 72
150 g dunkle Schokolade, in 10 Stücke geschnitten

Eigelb, mit Milch verdünnt, zum Bestreichen

■ Teig: Den Teig zubereiten, wie im Rezept Seite 72 beschrieben.

■ Formen: Den Teig in 10 gleich grosse Portionen teilen, Kugeln formen, flach drücken. Je 1 Stück Schokolade in die Mitte drücken. Den Teig darüber ziehen, zu Kugeln formen und in die Förmchen geben. In der Rundung übers Kreuz einschneiden. Bei Raumtemperatur zugedeckt bis zum Formenrand gehen lassen. Die Brioches mit Eigelb bestreichen.

■ Backen: 20–30 Minuten in der Mitte des auf 200 Grad vorgeheizten Backofens. Warm servieren.

Brioches

Für 10 Förmchen von 7 cm Durchmesser oder für 1 grosse Form, 1 Liter Inhalt

Teig:
300 g Weissmehl (Typ 405)
20 g frische Hefe
4 EL Zucker
3 EL Milch, lauwarm
175 g Butter, weich
1½ TL feines Meersalz
2 Eier, verquirlt

Eigelb, mit Milch verdünnt, zum Bestreichen

■ Vorteig: Das Mehl in eine Schüssel geben. In die Mitte eine Vertiefung drücken. Die Hefe mit 2 EL Zucker und der Milch glatt rühren. Bei Raumtemperatur 10–15 Minuten stehen lassen. Die Hefe in die Vertiefung giessen, dabei immer etwas Mehl vom Rand dazunehmen, bis der Teig dickflüssig ist. Wenig Mehl darüber stäuben. Zugedeckt bei Raumtemperatur gehen lassen, bis sich Risse zeigen.

■ Teig: Butter, Salz, Eier, die Hefe und den restlichen Zucker nach und nach zum Mehl geben und alles zu einem geschmeidigen Teig zusammenfügen. Mit den Knethaken der Küchenmaschine auf kleinster Stufe 8 Minuten rühren. Zugedeckt bei Raumtemperatur auf das Doppelte gehen lassen. Das kann bis zu 4 Stunden dauern.

■ Formen von kleinen Brioches: Den Teig in 11 gleich grosse Portionen teilen. 10 Portionen zu Kugeln formen und in die Förmchen geben. In der Rundung übers Kreuz einschneiden. Aus der letzten Teigportion 10 kleine Kugeln formen und jeweils in den Einschnitt stecken. Zugedeckt bei Raumtemperatur bis zum Formenrand gehen lassen. Die Brioches mit Eigelb bestreichen.

■ Backen: 20–30 Minuten in der Mitte des auf 200 Grad vorgeheizten Backofens.

■ Formen einer grossen Brioche: ⁴⁄₅ des Teigs zu einer Kugel formen, in die Form geben. Mit dem Rest verfahren, wie bei den kleinen Brioches beschrieben.

■ Backen: 30–40 Minuten in der Mitte des auf 200 Grad vorgeheizten Backofens.

Tipp

■ Den Teig zu einer Rolle formen und in einer Cakeform (25–30 cm lang) backen.

Notiz

Die klassische Form der «Brioche à tête» ist unten schmal und in der Mitte ausladend weit mit gewelltem Rand. Es sind Formen in allen Grössen und Qualitäten erhältlich (ähnlich der Charlottenform). Weniger klassisch, aber genauso gut lässt sich Briocheteig in der Cakeform backen. Dann kann man sie in Scheiben schneiden, toasten und lauwarm servieren.

Croissants

Für 16 Stück

Teig:
500 g Weissmehl (Typ 405)
30 g Milchpulver
40 g Zucker
3 TL feines Meersalz (ca. 12 g)
15 g frische Hefe
310 ml Wasser, kalt
300 g Butter, kalt

2 Eier
1 Eigelb
1 Prise Salz

■ Vorteig: Mehl, Milchpulver, Zucker und Salz mischen. Die Hefe mit dem Wasser glatt rühren, beifügen und alles rasch zu einem Teig zusammenfügen. Den Teig nur kurz durchkneten, zugedeckt bei Raumtemperatur auf das Doppelte gehen lassen. Dann wieder zur ursprünglichen Grösse kneten und 6–8 Stunden zugedeckt im Kühlschrank aufgehen lassen.
■ Teig: Die Butter zwischen Backpapier zu einem Quadrat von 12,5 cm Seitenlänge auswallen, kalt stellen. Den Teig erneut zusammenkneten, zu einer Kugel formen. In der Rundung übers Kreuz einschneiden. Die Ecken von der Mitte her auswallen (sternförmig, die Mitte uneben lassen). Die Butter in die Mitte legen, die 4 Ecken darüber schlagen, so dass die Butter vollständig bedeckt ist. Den Teig auf leicht bemehlter Arbeitsfläche zu einem Rechteck von 40 x 60 cm auswallen. Überschüssiges Mehl mit einem Pinsel entfernen. Den Teig dreifach falten, in Folie wickeln. 30 Minuten im Kühlschrank ruhen lassen. Erneut zu einem Band auswallen (Bruchkanten immer seitwärts) und falten. Den Vorgang wiederholen, kalt stellen.
■ Formen: Den Teig auf leicht bemehlter Arbeitsfläche zu einem Rechteck von 40 x 75 cm auswallen. Überschüssiges Mehl mit einem Pinsel entfernen. Längs in zwei gleich grosse Streifen schneiden. Jeden Streifen in 8–10 Dreiecke (Basis 15 cm lang) schneiden. Den Teig an der Schmalseite (Basis) fassen und etwas auseinander ziehen, dann von der Basis her aufrollen. Zu Croissants biegen und aufs Blech legen. 1–2 Stunden bei Raumtemperatur gehen lassen. Eier und Eigelb mit dem Salz verquirlen. Die Croissants 2- bis 3-mal damit bestreichen.
■ Backen: 12–15 Minuten in der Mitte des auf 225 Grad vorgeheizten Backofens. Die Temperatur auf 200 Grad reduzieren, weitere 10–15 Minuten backen.

Notiz

1683 belagerten die Türken Wien. Der Legende nach soll ein aufmerksamer Bäcker den Feind unter der Backstube graben gehört und Alarm geschlagen haben. Die Türken wurden besiegt, und der Bäcker schuf das gebogene Gebäck zur Erinnerung an den Halbmond auf der Türkenflagge (Croissant heisst übersetzt Sichel). Das Tourieren mit viel Butter kam erst später. So gegen 1900.

Dreikönigskuchen

Für ein Blech von 30 cm Durchmesser

Teig:
250 g Weissmehl (Typ 405)
250 g Zopfmehl (Typ 405 mit Dinkel)
20 g frische Hefe
3 EL Zucker
200–250 ml Milch, lauwarm
100 g Butter, weich
100 g Sultaninen
1½ Teelöffel Salz
1 TL abgeriebene Zitronenschale
1 Ei, verquirlt

1 Mandel
Eigelb zum Bestreichen

Verzierung:
25 g Aprikosenmarmelade
2–3 Esslöffel Wasser
2 EL Hagelzucker

■ Vorteig: Das Mehl in eine Schüssel geben. In die Mitte eine Vertiefung drücken. Die Hefe mit 2 EL Zucker und der Milch glatt rühren. Bei Raumtemperatur 10–15 Minuten stehen lassen. Die Hefe in die Vertiefung giessen, dabei immer etwas Mehl vom Rand dazunehmen, bis der Teig dickflüssig ist. Wenig Mehl darüber stäuben. Zugedeckt bei Raumtemperatur gehen lassen, bis sich Risse zeigen.
■ Teig: Butter, Sultaninen, Salz, Zitronenschale, Ei und den restlichen Zucker zum Mehl geben und zu einem geschmeidigen Teig zusammenfügen. Kneten, bis er glatt und weich wird. Zu einer Kugel formen, in die Schüssel geben und zugedeckt auf das Doppelte gehen lassen. Das Blech mit Backpapier belegen.
■ Formen: Den Teig in 6 gleich grosse und 1 grössere Portion teilen. Zu Kugeln formen. In eine der Teigkugeln die Mandel stecken. Die grosse Portion in die Mitte des Blechs setzen. Die 6 kleineren gleichmässig darum herum verteilen. Zugedeckt bei Raumtemperatur gehen lassen. Dann mit Eigelb bestreichen.
■ Backen: 40–50 Minuten im unteren Teil des auf 180 Grad vorgeheizten Backofens. Auf ein Kuchengitter ziehen und etwas auskühlen lassen.
■ Verzieren: Die Aprikosenmarmelade mit Wasser erwärmen. Durch ein Sieb streichen und den noch warmen Kuchen damit bestreichen. Mit Hagelzucker bestreuen und eine goldene Papierkrone daraufsetzen.

Tipp

■ Papierkronen gibt es im Papierwarenhandel.

Varianten

■ Schmeckt auch gut: Die Sultaninen weglassen. Dafür den Teig mit Rum oder Orangenblütenwasser aromatisieren.
■ Den Hagelzucker weglassen, dafür den Teig mit Eigelb bestreichen, mit Mandelblättchen bestreuen und backen. Oder nach dem Bestreichen mit Aprikosenkonfitüre mit kandierten Früchten bestreuen.

Birnenbrot

Für 2–3 Brote

Teig:
200 g Weissmehl (Typ 405)
1 TL Trockenhefe
½ TL flüssiger Honig
120 ml Wasser, lauwarm

Füllung:
250 g Weichspeckbirnen oder getrocknete Birnen (siehe Notiz)
100 g Kurpflaumen, entsteint
100 g getrocknete Feigen
je 50 g Rosinen und Malagarosinen (Reformhaus)
je 50 g Walnüsse und Mandeln oder Haselnüsse
50 g Rohzucker
je 2 Msp. gemahlener Zimt und Anis
je 1 Msp. gemahlene Nelken, Macis (Muskatblüte) und weisser Pfeffer
120 ml Birnenschnaps oder Kirsch

■ Vorbereiten: Die Teigzutaten mischen und kneten, bis ein geschmeidiger Teig entsteht. In einen Plastikbeutel geben und über Nacht im Kühlschrank gehen lassen. Die Trockenfrüchte und Nüsse fein hacken. Mit Zucker, Gewürzen und Likör mischen. Zugedeckt 24 Stunden bei Raumtemperatur ziehen lassen.
■ Teig: Die Trockenfrüchte noch feiner hacken oder durch den Fleischwolf drehen. Den Teig unter die Früchtemischung kneten.
■ Formen: Den Teig halbieren oder dritteln. Mit angefeuchteten Händen zu länglichen flachen Laiben formen. Zugedeckt 30–45 Minuten bei Raumtemperatur gehen lassen.
■ Backen: 30–40 Minuten in der Mitte des auf 175 Grad vorgeheizten Backofens.
■ Aufbewahren: In Folie gewickelt und kühl gelagert bis 6 Monate haltbar.

Variante

■ Die Trockenfrüchte nach dem Zerkleinern (ohne Teig) mit angefeuchteten Händen zu einem länglichen flachen Laib formen. Den Teig rechteckig ausrollen, den Früchtelaib damit einwickeln. Den Teig mit einer Gabel mehrmals dicht einstechen, gehen lassen. Dann mit verquirltem Ei bestreichen und backen, wie im Rezept beschrieben.

Notiz

Weichspeckbirnen sind getrocknete Birnen, die im Dampf kurz weich gemacht wurden. Man kann sich damit auch im Haushalt behelfen, wenn Trockenfrüchte wie Aprikosen, Pflaumen usw. durchs Lagern steinhart geworden sind.

Bündner Birnenbrot

Für 4 Brote von ca. 550 g

Teig:
500 g Weiss- oder Halbweissmehl (Typ 405–650))
150 g Roggenmehl
20 g frische Hefe
½ TL Zucker
350–400 ml Vollmilch, lauwarm
25 g Butter, weich
1 TL Salz

Füllung:
500 g Weichspeckbirnen (siehe beim Rezept «Birnenbrot», Seite 79)
200 g Kurpflaumen, entsteint
je 50 g Rosinen und Sultaninen
200 ml Rotwein oder roter Traubensaft
100 g Walnüsse, grob gehackt
50 g geschälte Mandeln, grob gehackt
50 g Haselnüsse, grob gehackt
50 g Pinienkerne, grob gehackt
je 25 g Orangeat und Zitronat, gehackt
100–200 ml Birnensaft
100 ml Rosenwasser (Apotheke oder Drogerie)
30–40 g Birnbrotgewürz

1 Eigelb
1 EL Milch

■ Vorbereiten: Den Teig mit Vorteig zubereiten (siehe Grundrezept Seite 21). Kneten, bis ein geschmeidiger, sehr weicher Teig entsteht. In einen Plastikbeutel geben und über Nacht im Kühlschrank gehen lassen. Die Trockenfrüchte, Rosinen und Sultaninen über Nacht im Rotwein oder Traubensaft zugedeckt quellen lassen.

■ Füllung: Die Trockenfrüchte mit einem grossen Messer fein hacken oder durch den Fleischwolf drehen. Mit Nüssen, kandierten Früchten, Birnensaft, Rosenwasser und Birnbrotgewürz gründlich mischen. Die Masse probieren und nach Gutdünken würziger abschmecken. Zugedeckt 60 Minuten bei Raumtemperatur stehen lassen.

■ Formen: Knapp ⅔ des Teiges in kleinen Portionen unter die Birnbrotmasse kneten. Daraus 4 längliche Laibe formen. Das letzte Drittel Teig dünn ausrollen. Die Brote damit einhüllen und mit der Naht nach unten auf ein mit Backpapier belegtes Blech geben. Mit einer Gabel dicht einstechen. Eigelb mit Milch verrühren und die Brote damit bestreichen.

■ Backen: In die Mitte des kalten Ofens schieben. Die Temperatur auf 200 Grad stellen und die Birnenbrote 50–60 Minuten backen.

Tipps

■ Die Brote nach dem Einwickeln in Teig 20 Minuten bei Raumtemperatur gehen lassen, dann 45 Minuten in der Mitte des auf 200 Grad vorgeheizten Ofens backen.

■ Zum gründlichen Verkneten von Brotteig und Birnbrotmasse muss beides ziemlich feucht sein. Falls nötig, die Birnbrotmasse mit etwas Rosenwasser oder Birnensaft anfeuchten.

■ Birnbrotgewürz ist eine Mischung aus gemahlenem Zimt, Anis, Nelken, Muskatblüte und Koriander.

Varianten

- Die geformten Brote nur mit Milch bepinseln.
- Die getrockneten Birnen mit Wasser bedeckt aufkochen und darin über Nacht quellen lassen.
- Die Trockenfrüchte in Apfelwein quellen lassen. Birnensaft durch Obstbranntwein (Träsch), Kirsch, Branntwein oder Obstsaftkonzentrat ersetzen.
- Die Pflaumen mit Feigen und/oder Datteln mischen.

Pain d'épices

Honigbrot

Für eine Cakeform von 25 cm Länge

Teig:
250 g Honig (z.B. Blütenhonig)
50 g Rohzucker
100 g Butter, weich
½ TL Natron
3 EL Orangenblütenwasser oder Milch
175 g Weissmehl (Typ 405)
100 g feines Roggenmehl
½ TL gemahlener Ingwer
1 Orange, abgeriebene Schale
3 Prisen gemahlener Sternanis
1 Prise Salz
2 Eier, verquirlt

- Die Backform mit Backpapier auskleiden.
- Teig: Honig und Rohzucker unter Rühren erwärmen, bis sich die Zuckerkristalle aufgelöst haben. Von der Herdplatte ziehen. Die Butter beifügen und schmelzen lassen. Das Natron mit Orangenblütenwasser oder Milch verrühren, zur Honigmischung geben. Das Mehl mit den übrigen Zutaten bis und mit Salz mischen. Die Eier mit der Honigmischung beifügen, glatt rühren und in die Form verteilen.
- Backen: 60–75 Minuten im unteren Teil des auf 180 Grad vorgeheizten Backofens.
- Haltbarkeit: 2–3 Wochen gut verpackt im Kühlschrank.

Varianten

- Statt Ingwer ½ TL Zimt und zusätzlich 1 TL gemahlenen Anis verwenden. Dann Sternanis durch je 3 Prisen gemahlene Muskatnuss und Gewürznelken ersetzen.
- Nach Belieben 150 g gehacktes Orangeat oder je 50 g Zitronat, Weinbeeren und eingelegten Ingwer zum Teig geben.

Sweet Coconut Bread

Für eine Cake- oder Brotform von 1 Liter Inhalt

Teig:
175 g frische Kokosnuss, geschält, gerieben
175 g Rohzucker
1 Ei, verquirlt
1 TL Vanilleextrakt
2 TL Angostura Bitter
125 g Butter, flüssig, ausgekühlt
375 g Weissmehl (Typ 405)
3 TL Backpulver
125 g kandierte Kirschen, gehackt
125 g gemischte kandierte Früchte, gewürfelt
125 g Sultaninen
125 g Rosinen
175 ml Milch

■ Vorbereiten: Die Backform mit Backpapier auskleiden.

■ Teig: Die geriebene Kokosnuss mit Zucker und wenig Wasser verrühren, bis eine dicke Paste entsteht. Ei, Vanilleextrakt, Angostura und Butter dazugeben. Mehl und Backpulver mischen und locker darunter heben. Die kandierten Früchte und die Rosinen beifügen, rasch darunter mischen. Am Schluss die Milch darunter rühren. Den Teig in die Form verteilen, mehrmals aufschlagen, damit keine Hohlräume entstehen.

■ Backen: 60–75 Minuten im unteren Teil des auf 180 Grad vorgeheizten Backofens. Stäbchenprobe machen. Herausnehmen, zuerst in der Form etwas auskühlen lassen, dann mit dem Papier aus der Form heben.

Früchtebrot mit Nüssen und Schokolade

Für 2 Cake- oder Brotformen von 25 cm Länge

50 g Sultaninen
2 EL Orangen-, Zitronensaft, Rum oder Grand Marnier

Teig:
20 g frische Hefe
75 g Zucker
120 ml Milch, lauwarm
450 g Weissmehl (Typ 405)
½ TL Salz
150 g weiche Butter
1 grosses Ei, verquirlt
½ Orange, abgeriebene Schale
100 g geschälte, geröstete Haselnüsse, halbiert
100 g Edelbitterschokolade, grob gehackt
75 g Orangeat, gewürfelt

40 g Butter, flüssig
Puderzucker

■ Vorbereiten: Die Sultaninen im Zitrusfruchtsaft, Rum oder Grand Marnier einweichen und quellen lassen. Die Backformen mit Backpapier auskleiden.

■ Teig: Die Hefe mit 1 TL Zucker und der Milch verrühren. 10–15 Minuten bei Raumtemperatur stehen lassen. Das Mehl mit dem Salz und dem restlichen Zucker mischen. Hefe, Butter und Ei beifügen, zu einem Teig zusammenfügen. Kneten, bis der Teig glatt und geschmeidig wird. Zugedeckt bei Raumtemperatur auf das Doppelte gehen lassen.

■ Formen: Den Teig kräftig durchkneten. Orangenschale, Nüsse, Schokolade, Orangeat und die eingeweichten Sultaninen beifügen, darunter kneten. Den Teig in zwei gleich grosse Portionen teilen. In die Formen geben, zugedeckt bei Raumtemperatur bis zum Formenrand gehen lassen.
■ Backen: 15 Minuten im unteren Teil des auf 200 Grad vorgeheizten Backofens. Dann die Temperatur auf 190 Grad reduzieren und weitere 20–30 Minuten backen. Herausnehmen, 10 Minuten in der Form auskühlen lassen, dann mit dem Papier aus der Form heben. Noch warm mit Butter bestreichen und mit Puderzucker bestreuen.

Tipp
■ Die Brote zum Gehenlassen in grosse Plastikbeutel geben, verschliessen.

Panforte di Siena

Für eine Springform von 20–22 cm Durchmesser

Reispapier, rund
Butter für die Form

Teig:
200 g geschälte Mandeln, grob gehackt
100 g Walnüsse, grob gehackt
100 g geröstete, geschälte Haselnüsse, grob gehackt
50 g Weissmehl (Typ 405)
40 g ungezuckertes Kakaopulver
300 g gemischte kandierte Früchte, fein gehackt
1 TL gemahlener Zimt
je 1 Prise gemahlener Koriander, weisser Pfeffer, Nelken und Muskatnuss
150 g Zucker
100 g flüssiger Honig

Puderzucker und gemahlener Zimt zum Bestäuben

■ Vorbereiten: Den Boden der Springform mit Reispapier belegen, den Rand buttern.
■ Teig: Nüsse, Mehl, Kakaopulver, kandierte Früchte und Gewürze mischen. Zucker und Honig unter Rühren schmelzen (nicht zu heiss). Zur Nussmischung geben, gründlich mischen. Sofort in die Form geben.
■ Backen: 20–30 Minuten in der Mitte des auf 200 Grad vorgeheizten Backofens. Herausnehmen, auskühlen lassen, dann aus der Form lösen. Puderzucker und Zimt mischen, darüber stäuben.

Variante
■ Statt Nelken, Koriander und Muskatnuss gemahlenen Ingwer und Kardamom verwenden.

Notiz
Original wird Panforte die Siena mit kandierter Orangenschale und kandierter Melone hergestellt.

Panforte di Siena (Variante)

Panforte di Siena

Variante

Für eine Springform von 20–22 cm Durchmesser

Reispapier, rund
Butter für die Form

Teig:
100 g Walnüsse, gob gehackt
200 g geschälte Mandeln, grob gehackt
275 g Weissmehl (Typ 405)
300 g kandierte Früchte, gemischt, fein gehackt
je 1 Prise gemahlener Zimt, gemahlener Koriander, Nelken und Muskatnuss
300 g Zucker

gemahlener Zimt zum Bestäuben

■ Vorbereiten: Den Boden der Form mit Reispapier belegen, den Rand buttern.
■ Teig: Die Nüsse getrennt fein mahlen. 2 EL Mehl beiseite stellen. Das restliche Mehl mit den kandierten Früchten und den Gewürzen mischen. Zuerst die Mandeln, dann die Walnüsse dazugeben, mischen. Den Zucker mit knapp 100 ml Wasser unter Rühren zu einem Sirup einkochen. Zur Nuss-Mehl-Mischung geben, gründlich vermengen. Sofort in die Form geben. Das restliche Mehl mit Zimt mischen, darüber stäuben.
■ Backen: 20–30 Minuten in der Mitte des auf 200 Grad vorgeheizten Backofens.

Haselnuss-Aprikosen-Brot

Für 2 Brote

Teig:
450 g Weissmehl (Typ 405)
20 g frische Hefe
1 TL flüssiger Honig oder Zucker
300 ml Milchwasser, lauwarm
50 g Haselnüsse, grob gehackt
110 g getrocknete Aprikosen, fein geschnitten
1 TL Salz
1½ EL Haselnussöl

Roggenmehl zum Bestreuen

■ Vorteig: Das Mehl in eine Schüssel geben. In die Mitte eine Vertiefung drücken. Hefe, Honig oder Zucker und 150 ml Milchwasser glatt rühren. 10–15 Minuten bei Raumtemperatur stehen lassen. Die Hefe in die Vertiefung giessen, dabei immer etwas Mehl vom Rand dazunehmen, bis der Teig dickflüssig ist. Wenig Mehl darüber stäuben. Zugedeckt bei Raumtemperatur gehen lassen, bis sich Risse zeigen.
■ Teig: Haselnüsse, Aprikosen, Salz, Öl und die restliche Flüssigkeit zum Mehl geben und alles zu einem geschmeidigen Teig zusammenfügen. Von Hand kneten, bis der Teig elastisch ist. Zu einer Kugel formen, in die vorgewärmte Schüssel geben. Zugedeckt bei Raumtemperatur auf das Doppelte gehen lassen.
■ Formen: Den Teig in 2 gleich grosse Portionen teilen. Zu länglichen Broten formen, in Mehl wenden und auf ein mit Backpapier belegtes Blech geben. 30–50 Minuten zu-

gedeckt bei Raumtemperatur gehen lassen. Die Brote mehrmals schräg einschneiden.

■ Backen: 35–40 Minuten in der Mitte des auf 200 Grad vorgeheizten Backofens.

Tipp

■ Dazu passt gut Frischkäse.

Nuss-Schokolade-Potize

Für eine Springform oder ein Blech von 26 cm Durchmesser

Teig:
325 g Weissmehl (Typ 405)
20 g frische Hefe
50 g Zucker
150 ml Milch, lauwarm
50 g Butter, weich
1 kleines Ei, verquirlt
1 Eigelb
1 TL Salz

Füllung:
125 g Zucker
125 g Walnüsse, fein gehackt
125 g Edelbitterschokolade, fein gehackt
1 TL Vanillezucker
1 TL gemahlener Zimt

Puderzucker zum Bestäuben

■ Vorteig: Das Mehl in eine Schüssel geben. In die Mitte eine Vertiefung drücken. Die Hefe mit 2 EL Zucker und 75 ml Milch glatt rühren. 10–15 Minuten bei Raumtemperatur stehen lassen. Die Hefe in die Vertiefung giessen, dabei immer etwas Mehl vom Rand dazunehmen, bis der Teig dickflüssig ist. Wenig Mehl darüber stäuben. Zugedeckt bei Raumtemperatur gehen lassen, bis sich Risse zeigen.

■ Teig: Den restlichen Zucker und die Butter in der restlichen lauwarmen Milch schmelzen. Mit Ei, Eigelb und Salz zum Mehl geben und alles zu einem geschmeidigen Teig zusammenfügen. Von Hand kneten, bis der Teig elastisch ist. Zu einer Kugel formen und in die vorgewärmte Schüssel geben. Zugedeckt bei Raumtemperatur auf das Doppelte gehen lassen. Den Boden der Form mit Backpapier belegen, den Rand mit einem Backpapierstreifen abdecken.

■ Füllung: Den Zucker mit 120 ml Wasser unter Rühren sirupartig einkochen. Von der Herdplatte ziehen. Nüsse, Schokolade, Vanillezucker und Zimt beifügen, mischen.

■ Formen: Den Teig auf reichlich bemehltem Backpapier rechteckig ausrollen. Die Füllung auf dem Teig verteilen. Den Teig von der Längsseite her mit Hilfe des Backpapiers satt aufrollen. Mit der Naht nach unten in die Form geben. 60 Minuten zugedeckt bei Raumtemperatur oder über Nacht im Kühlschrank gehen lassen.

■ Backen: 20–30 Minuten in der Mitte des auf 200 Grad vorgeheizten Backofens. 10 Minuten in der Form auskühlen lassen, dann herausnehmen.

Brösel, hausgemacht

Weissbrot, Modelbrot oder Zopf in ½ cm dicke Scheiben schneiden. Für helle Brösel die Rinde wegschneiden, sonst daran lassen (ergibt guten Röstgeschmack). Auf einem Blech an einem warmen Ort oder in der Resthitze des ausgeschalteten Backofens trocknen lassen. Dann im Cutter fein mahlen oder in einen Plastikbeutel geben und mit dem Teigroller nach Wunsch von grob bis fein zerstossen.

Haltbarkeit: In einem Cellophanbeutel mehrere Monate haltbar.

Verwendung: Zum Panieren von Gemüsescheiben, Fleisch, Käse usw. Oder mit geriebenem Käse mischen und über Aufläufe oder Gemüsewähen streuen.

Brösel für Teigwaren

Statt geriebenen Parmesan golden geröstete Brösel über fertige Pastagerichte streuen: Dafür die Brösel in einer beschichteten Bratpfanne ohne Fett unter Wenden langsam goldbraun rösten. Das dauert 10–20 Minuten. Anschliessend mit einigen Tropfen kaltgepresstem Olivenöl und wenig Meersalz mischen.

Haltbarkeit: Kann gut verschlossen 1 Woche aufbewahrt werden.

Käsecroûtons

2–3 Tassen (à 200 ml Inhalt) Brotwürfel mit 50 ml Olivenöl mischen. 75 g frisch geriebenen Parmesan darüber streuen, mischen, auf einem Blech verteilen. 30 Minuten in der Mitte des auf 175 Grad vorgeheizten Backofens backen.

Haltbarkeit: Kann gut verschlossen 1 Woche aufbewahrt werden.

Knoblauchcroûtons

2 Knoblauchzehen halbieren. In 100 ml Olivenöl heiss werden lassen, ohne dass sie verbrennen. 3 Tassen Brotwürfel beifügen und unter Wenden langsam goldbraun braten. Mit einer Schaumkelle herausheben, abtropfen lassen. Den Knoblauch entfernen.

Haltbarkeit: Kann gut verschlossen 1 Woche aufbewahrt werden.

Brot-Käse-Bouillon

Für 4 Portionen

1 l würzige Hühnerbouillon, hausgemacht
4 Scheiben altbackenes Sauerteigbrot, getoastet
75 g frisch geriebener Käse (z.B. Parmesan, Sbrinz, Greyerzer)
reichlich glattblättrige Petersilie, gehackt

■ Die Bouillon aufkochen. Das Brot in 4 vorgewärmte Suppenteller geben, Käse und Petersilie darauf verteilen. Mit kochend heisser Bouillon übergiessen, sofort servieren.

Tipp

■ Dazu passt sehr gut roter Radicchiosalat mit Walnüssen (nur mit Rotweinessig, Walnussöl, Salz und Pfeffer angemacht).

Pain perdu

French Toast

Für 4 Portionen

4 Scheiben altbackenes Weissbrot, 2–3 cm dick geschnitten

Guss:
4 Eier
200 ml Milch
1 EL Vanillezucker
1 Msp. gemahlener Zimt
je 1 Prise gemahlene Muskatnuss und Salz

Butter und Sonnenblumenöl zum Braten

- Guss: Die Zutaten verquirlen.
- Die Brotscheiben nebeneinander in ein flaches Gefäss legen. Den Guss darüber verteilen, 10 Minuten quellen lassen. Das Brot wenden, weitere 10 Minuten stehen lassen.
- Backen: Die Brotscheiben im Butter-Öl-Gemisch unter Wenden 4–5 Minuten goldbraun braten. Warm servieren.

Tipp

- Dazu passt flüssiger Honig, Ahornsirup oder Früchtekompott.

Varianten

- Milch durch Halbrahm oder Buttermilch ersetzen.
- Statt Brot Zopf verwenden.

Pain perdu fourré

Für 4 Portionen

4 Scheiben altbackenes Weissbrot, 2–3 cm dick geschnitten
1 reife, feste Banane
Butter und Sonnenblumenöl zum Braten

Guss:
2 Eier
150 ml Halbrahm oder Milch
1 TL Vanillezucker
je ¼ TL gemahlener Zimt und Muskatnuss
1 Prise Salz

- Guss: Die Zutaten verquirlen.
- Die Brotscheiben einschneiden, so dass eine Tasche entsteht. Die Banane schälen, zuerst längs, dann quer halbieren. Jeweils ein Stücke Banane in die Brottaschen stecken. Die Brote nebeneinander in ein flaches Gefäss legen. Den Guss darüber verteilen, 10 Minuten quellen lassen. Die Brote wenden, weitere 10 Minuten stehen lassen.
- Backen: Die Brotscheiben im Butter-Öl-Gemisch unter Wenden 4–5 Minuten goldbraun braten. Warm servieren.

Tipp

- Dazu passt warmer Ahornsirup.

Pain perdu salé

Für 4 Portionen

4 Scheiben altbackenes Sauerteigbrot, 2–3 cm dick geschnitten
Butter und Sonnenblumenöl zum Braten

Guss:
4 Eier
200 ml Milch
½–¾ TL feines Meersalz
wenig frisch gemahlener Pfeffer
40 g rezenter Greyerzer, Sbrinz oder Parmesan, frisch gerieben

■ Guss: Die Zutaten verquirlen. Die Brotscheiben nebeneinander in ein flaches Gefäss legen. Den Guss darüber verteilen, 10 Minuten quellen lassen. Die Brote wenden, weitere 10 Minuten stehen lassen.
■ Backen: Die Brotscheiben im Butter-Öl-Gemisch unter Wenden 4–5 Minuten goldbraun braten. Warm servieren.

Tipp
■ Dazu passen gebratene Pilze oder ein Zwiebelgemüse.

Brot-Butter-Pudding

Für 4 Soufflêförmchen von 200–250 ml Inhalt

Butter für die Förmchen

12 Scheiben altbackenes Brot (z.B. Zopf, Brioche, Einback, Panettone)
1–2 reife Birnen, geschält, in Schnitze geschnitten
450–500 ml Milch und Rahm gemischt
4 Eier
1 TL Vanilleextrakt
1–2 EL Zucker
Rohzucker zum Bestreuen

■ Die Förmchen ausbuttern. Brot und Birnen lagenweise einfüllen. Milchrahm, Eier, Vanilleextrakt und Zucker verquirlen, darüber giessen. Mit Rohzucker bestreuen.
■ Backen: 25–30 Minuten in der Mitte des auf 180 Grad vorgeheizten Backofens. Der Eierguss sollte gestockt sein. Heiss servieren.

Tipp
■ Dazu passt Vanilleglace.

Brottorte

Für eine Springform von 26 cm Durchmesser

30 g Butter, weich, für die Form
3 EL Brotbrösel

Teig:
275 g altbackenes Tessiner- oder Toastbrot, in Würfel geschnitten
3–6 harte Amaretti, grob zerstossen
1 Zitrone, abgeriebene Schale
1 l Vollmilch
2 TL Vanillezucker
3 Eier
150 g Zucker
1 Prise Salz
30 g Butter, flüssig
200 g Rosinen
100 g gemahlene Mandeln
1 TL gemahlener Zimt
wenig frisch geriebene Muskatnuss
3–4 EL Kakaopulver

Pinienkerne und geschälte Mandeln
Puderzucker und Kakaopulver zum Bestreuen

■ Vorbereiten: Die Brotwürfel mit Amaretti und Zitronenschale mischen. Die Milch mit dem Vanillezucker aufkochen. Über die Brotmischung giessen, 2 Stunden zugedeckt quellen lassen. Die Form dick mit Butter bestreichen, mit Bröseln ausstreuen. Bis zur Verwendung kalt stellen.

■ Teig: Eier, Zucker und Salz zu einer hellen schaumigen Creme aufschlagen. Butter, Rosinen, Mandeln, Zimt, Muskatnuss und Kakaopulver beifügen. Das eingeweichte Brot durch ein grobes Sieb oder durchs Passevite (Passiergerät) direkt zur Eicreme passieren, alles gründich vermischen. Den Teig in die Form verteilen, mit Pinienkernen und Mandeln dekorieren.

■ Backen: 50–60 Minuten im unteren Teil des auf 175 Grad vorgeheizten Backofens. Die Temperatur auf 250 Grad erhöhen und weitere 5–10 Minuten backen. Die Torte in der Form etwas auskühlen lassen, dann herausnehmen. Leicht mit Puderzucker und Kakaopulver bestreuen.

Tipps

■ Die Teigmasse eher in einer grossen Form backen, damit die Torte nicht zu hoch wird.

■ Kühl gelagert ist die Brottorte 3–4 Tage haltbar.

Varianten

■ Den Teig mit 2–3 EL Tessiner Grappa, Zitronensaft oder einigen Tropfen Bittermandelaroma abschmecken.

■ Das Kakaopulver durch 50 g geriebene dunkle Schokolade ersetzen.

■ Die ausgebutterte Form mit fein zerstossenen Amaretti oder mit Zwieback ausstreuen.

■ Die Hälfte der Rosinen durch kandierte Früchte ersetzen.

■ Feiner: Geschälte gemahlene Mandeln verwenden. Mit mehr Biss: Mandelstifte verwenden.

■ Reichhaltiger: Altbackenen Zopf verwenden, dann die Butter weglassen.

Beerenpudding

Für 6 Portionenförmchen von 8 cm Durchmesser (ca. 250 ml Inhalt)

750 g Himbeeren
250 g Beeren nach Wahl, evtl. gemischt (z.B. Erdbeeren, rote Johannisbeeren)
150 g Zucker
2 EL Zitronensaft
1 Prise Salz
18 Scheiben Toastbrot (ca. 400 g)

■ Die Beeren verlesen und nur wenn nötig waschen. Erdbeeren in Scheiben schneiden, Johannisbeeren abzupfen. Die Beerenmischung mit dem Zucker zugedeckt bei kleiner Hitze aufkochen. 5 Minuten köcheln lassen, dann von der Herdplatte ziehen. Himbeeren, Zitronensaft und Salz beifügen, auskühlen lassen lassen.

■ Die Förmchen mit Klarsichtfolie auskleiden. Toastbrotkreise im Durchmesser der Förmchen ausstechen. Je einen Kreis auf den Boden der Förmchen legen.

■ Die Brotscheiben mit etwas Beerensaft benetzen. Dann 2–3 EL Beerenmischung samt Saft darauf geben. Mit dem Löffel flach drücken. Lagenweise Brotscheiben und Beerenmischung samt Saft einfüllen. Mit Folie bedecken und mit einem Teller beschweren. Über Nacht im Kühlschrank durchziehen lassen, dann stürzen.

Tipp

■ Dazu passt geschlagener Rahm oder Glace (Eis).

Panettone-Pudding

Für eine Soufflé- oder eine andere ofenfeste Form von 1,7–2 Liter Inhalt

200 g altbackener Panettone
Butter für die Form

100 g Süssrahmbutter, weich
50 g Sultaninen
100 g Zucker
1 TL abgeriebene Zitronenschale oder Vanillezucker

Guss:
3 Eier
500 ml Milch
1 Prise Salz

Puderzucker zum Bestäuben

■ Den Panettone in 5 mm dicke Scheiben schneiden. Auf einem Blech im 50 Grad warmen Backofen trocknen lassen. Die Form ausbuttern.

■ Die Panettonescheiben auf beiden Seiten mit Butter bestreichen. Lagenweise mit Sultaninen, Zucker und Zitronenschale oder Vanillezucker in die Form geben.

■ Guss: Die Zutaten verrühren, über die Panettonescheiben verteilen und die Form in ein warmes Wasserbad stellen.

■ Backen: 50–60 Minuten im Wasserbad im unteren Teil des auf 175 Grad vorgeheizten Ofens .

■ Den Pudding leicht mit Puderzucker überstäuben und lauwarm servieren.

Altbackener Panettone

Schraps

Panettone in dünne Scheiben schneiden. Auf einem Blech an einem warmen Ort oder in der Resthitze des ausgeschalteten Backofens trocknen lassen. Dann im Cutter fein mahlen oder in einen Plastikbeutel geben und mit dem Teiroller nach Wunsch von grob bis fein zerstossen.

Haltbarkeit: In einer verschliessbaren Dose 3–4 Wochen haltbar.

Verwendung: Für Fruchtwähen statt gemahlenen Nüssen auf den Teigboden streuen, um den Saft aufzufangen, oder für Punschkugeln.

French Toast

Portionenpanettone senkrecht oder waagrecht in 1 cm dicke Scheiben schneiden. In Eiermilch tauchen und in einer beschichteten Pfanne in Butter unter Wenden langsam goldgelb braten (siehe auchSeite 90). Mit Apfelkompott oder mit Tiefkühlbeeren servieren.

Panettone mit Käse

Panettone in nicht zu dicke Scheiben schneiden, toasten und zu Blauschimmelkäse servieren (z.B. Cheddar, Gorgonzola al naturale).

Panettone-Sandwich

Kernlose Sultaninen oder Rosinen in heissem Marsala quellen lassen. Eine Scheibe altbackenen Panettone mit Ricotta und eingeweichten Beeren belegen, mit einer zweiten Scheibe Panettone bedecken. Kurz unter dem Grill oder im Sandwichtoaster heiss werden lassen. Warm servieren.

Panettone-Zwieback

Portionenpanettone senkrecht oder waagrecht in 1 cm dicke Scheiben schneiden. Wie bei Schraps beschrieben, trocknen lassen. Zu Glacedesserts oder Fruchtsalaten servieren.

Rezeptverzeichnis

Back-Basics

Alltagsbrot

Fremdes Brot

Festtagsbrot

Früchtebrot

Altes Brot

In der Reihe «Die besten Rezepte» sind ebenfalls erschienen:

Karin Messerli
Rucola, Bärlauch, Löwenzahn

Karin Messerli
Kürbis

Karin Messerli
Risotto

Karin Messerli
Antipasti, Tapas, Mezze

Karin Messerli
Yvette le Brasse
Curry

Annemarie Wildeisen
Eiscreme Glace Sorbet

Annemarie Wildeisen
Konfitüren, Marmeladen, Gelees

Annemarie Wildeisen
Mozzarella

Annemarie Wildeisen
Garen über Dampf

Julie Landis-Sager
Zucchini Zucchetti

Julie Landis-Sager
Tomaten

Julie Landis-Sager
Zwiebeln

Barbara Wurzel
Artischocken

Erica Bänziger
Ziegen- und Schafskäse

Armin Zogbaum
Pastasaucen

Verena Krieger
Tofu

Verena Krieger
Hülsenfrüchte

Ralf Kabelitz
Desserts schnell und schlank

Verena Krieger
Pflanzlich binden und gelieren

Paul Pfyl Heinz Knieriemen
Vogelbeere, Schlehe, Hagebutte

AT Verlag
Stadtturmstrasse 19
CH-5401 Baden
Telefon +41 (0)58 200 44 00
Fax +41 (0)58 200 44 01
E-Mail: at-verlag@azag.ch
Internet: www.at-verlag.ch